Me cansei de você

Walter Riso

Me cansei de você

Deixe os relacionamentos tóxicos
para trás e redescubra o amor

Tradução
Sandra Martha Dolinsky

Copyright © Walter Riso
c/o Schavelzon Graham Agencia Literaria
www.schavelzongraham.com
Copyright © Editora Planeta do Brasil, 2022
Copyright de tradução © Sandra Martha Dolinsky
Todos os direitos reservados.
Título original: *Me cansé de ti*

Preparação: Diego Franco Gonçales
Revisão: Fernanda Guerriero Antunes e Renata Lopes Del Nero
Diagramação: Abreu's System
Capa e imagem de capa: Estúdio Insólito

Dados Internacionais de Catalogação na Publicação (CIP)
Angélica Ilacqua CRB-8/7057

Riso, Walter
    Me cansei de você: deixe os relacionamentos tóxicos para trás e redescubra o amor / Walter Riso; tradução de Sandra Martha Dolinsky. – São Paulo: Academia, 2022.
    176 p.

    ISBN 978-85-422-2026-1
    Título original: Me cansé de ti

    1. Relações humanas 2. Amor 3. Autoestima I. Título II. Dolinsky, Sandra Martha

22-6688   CDD 158.2

Índice para catálogo sistemático:
1. Relações humanas

Ao escolher este livro, você está apoiando o
manejo responsável das florestas do mundo

2022
Todos os direitos desta edição reservados à
EDITORA PLANETA DO BRASIL LTDA.
Rua Bela Cintra, 986 – 4º andar
01415-002 – Consolação – São Paulo-SP
www.planetadelivros.com.br
faleconosco@editoraplaneta.com.br

Os amorosos se calam.

O amor é o silêncio mais fino, o mais trêmulo, o mais insuportável.

Os amorosos buscam, os amorosos são os que abandonam, são os que mudam, os que esquecem.

Seu coração lhes diz que nunca haverão de encontrar; não encontram, buscam.

JAIME SABINES, "LOS AMOROSOS"

Sumário

Introdução 9

PARTE I: Eu te amo, mas já não te aguento mais 15

Elogio ao saco cheio 17
Cansaço *vs.* decepção: dois tipos de saco cheio 25
    Versão lenta: cansaço cumulativo
    e frustração eficiente 25
    Versão rápida: saturação imediata e,
    quase sempre, irreversível 28

Oito razões pelas quais aguentamos uma relação
que é motivo de sofrimento 33
    1. Medo de enfrentar a vida sem seu
    parceiro porque você se sente uma pessoa
    fraca ou insegura 34
    2. Medo da solidão afetiva porque, no fundo,
    você acha que não pode ser amado 38

3. Crenças religiosas radicais 41
4. Achar que não deu à relação as oportunidades necessárias 48
5. Conformismo e resistência à mudança 52
6. Esperança irracional 57
7. Pressão social 60
8. Perseverança supervalorizada: a felicidade de morrer tentando 65

PARTE II: Cansamos de quê? Sete vias-crúcis 71

Cansei de sua indiferença 77
Cansei de esperar que você se separe 86
Cansei de seu perfeccionismo e de sua rigidez mental 98
Cansei de me responsabilizar por seus problemas e por você não fazer sua parte 112
Cansei de você me tratar mal 124
Cansei de sua desconfiança e vigilância sobre mim 136
Cansei de seu narcisismo e de que se ache o centro do universo 152

Epílogo 165
Bibliografia 170

Introdução

Existe um cansaço físico que nos obriga a descansar, porque o corpo se cuida e cuida de nós. É como se dissesse: "Já deu, não se exceda". E também existe um cansaço emocional/afetivo que nos leva a agir quando nos saturamos de uma relação ou de alguém. Essa saturação fica repetindo: "Chega, vá embora daí, não continue". No entanto, nem sempre damos bola para essa informação básica de sobrevivência, seja porque não podemos, seja porque não queremos.

Por exemplo, viciados em trabalho (*workaholics*) ignoram o aviso protetor que provém de seu organismo, pois trabalham além da conta e não têm tempo para descanso ou lazer. Esses dependentes ficam tão alienados em sua necessidade de trabalhar que não prestam atenção aos sinais que o corpo envia (dores musculares, fadiga, esgotamento físico e mental, enxaqueca, problemas de sono) e que indicam: "Você está no limite de suas forças". Em vez de parar e encarar o trabalho de uma maneira mais descontraída e menos enlouquecedora, essas pessoas põem o pé no acelerador.

A consequência é que, ao ignorar as advertências que provêm de várias partes de sua biologia, elas têm aumentada a probabilidade de desenvolver problemas cárdio e cerebrovasculares.

Um dependente afetivo funciona da mesma maneira. Se seu organismo, sua mente ou seu ser dizem que "não dá mais", ele ignora, nega ou esquece o aviso porque sua atenção está focada em manter a relação a qualquer custo, não importa quão insuportável e nociva seja. A causa? Pura dependência de amor, do outro ou de ambos. Nesses casos, o pensamento *Cansei de sofrer* não se forma, ou se transforma em gerúndio – *Estou me cansando* –, um aviso aos navegantes que em muitos casos não vinga, visto que a decisão de terminar ou se afastar do vínculo tóxico é, contra toda a lógica, indefinidamente adiada. No amor, algumas pessoas chegam ao fundo do poço e reagem positivamente, subindo à superfície; mas, para outras, parece que o *fundo* está do outro lado do planeta.

Você já deve ter ouvido algum amigo se queixar da vida amorosa frequentemente, sem, no entanto, agir; a pessoa fica ancorada no *Estou me cansando* e nunca resolve o problema. Quanta resistência para se libertar mostram os apaixonados pelo amor! Alguns se agarram com unhas e dentes a uma relação doentia sob o argumento de que temem a solidão ou que o relacionamento precisa ser preservado até o limite, mesmo que seja por toda a vida. A meta é morrer tentando, como se a *tolerância afetiva* fosse um valor por si mesma.

Insisto: quando a pessoa está em uma relação disfuncional, insatisfatória, nociva, tóxica, insalubre ou perigosa (mesmo que não pareça), o cansaço que sente é um *cansaço construtivo*, visto que a induz a terminar a relação ruim e sair do atoleiro. É como um *dar-se por vencido* inteligente e sensato, um antídoto à obstinação, especialmente se a pessoa já deu uma infinidade de chances e a questão não se resolve. Depor as armas e dizer, das profundezas de seu ser, "Esta luta não é mais minha, me cansei de você" faz com que essa saturação seja salvadora.

Quem já sentiu isso sabe a que me refiro. Quando você se cansa até os ossos, o desapego murmura em seu ouvido: "Aceite o pior que possa acontecer". O cansaço positivo leva você a encontrar a si mesmo, e o maravilhoso é que, quando você se encontra, o outro já não mais está ali – emancipação e restituição do que você é.

Não estou falando do *saco cheio normal* (de coisas que não afetam seus princípios, sua dignidade ou sua autorrealização), que acontece com qualquer casal e se resolve conversando sobre os problemas sem pôr o amor em xeque. Estou me referindo a um *esgotamento essencial*, a um *saco cheio radical* que o faz pensar *Eu te amo, mas vou te deixar porque você não faz bem a minha vida*, ou *Em nome de minha integridade, não me faz bem estar com você*. Essa fadiga é quase uma redenção que nos faz ver a realidade sem distorções; é um despertar. Você deixa de investir tempo em uma relação absurda, decide a seu favor, pensa em seu bem-estar e compreende que um amor que machuca a alma não vale a pena. É melhor uma solidão reparadora, estar com bons amigos ou com a família; é melhor se curtir em paz, sem ninguém para amargurar sua vida.

O livro *Me cansei de você* tem duas partes. Na primeira, "Eu te amo, mas já não te aguento mais", faço um elogio ao saco cheio, mostrando como a saturação pode abrir as portas para nos reinventarmos afetivamente. Depois, falo de um *cansaço cumulativo*, e da decepção como um *cansaço imediato* que nos leva, sem tantos argumentos, direto ao desamor. Prossigo com "Oito razões pelas quais aguentamos uma relação que é motivo de sofrimento", destacando algumas causas de as pessoas se oporem ao cansaço libertador (nem sempre conscientemente), impedindo que este siga seu curso. Freios que nos impedem de tomar a decisão de dizer "chega" e mandar tudo para o inferno.

Na segunda parte, "Cansamos de quê? Sete vias-crúcis", selecionei sete tipos de relações ruins e o fator-chave que

Introdução

determina cada disfuncionalidade. Ao longo desses tópicos, você encontrará uma série de reflexões e sugestões para vencer a resignação que muitas vezes nos prende e nos faz perder o norte. Também encontrará sete cartas de despedida, que, conforme o caso, podem servir de exemplo para você elaborar a sua.

Este livro se destina a qualquer um que não seja feliz em sua relação a dois e que se sinta aprisionado; especialmente às pessoas apaixonadas que evitam, por diversas razões, enfrentar uma experiência afetiva tóxica e se consolam com o autoengano. O conteúdo deste texto foi desenvolvido para que o realismo se imponha e deixemos de sofrer inutilmente. Espero que você, caso se encontre em um vínculo afetivo absurdo, irracional ou perigoso, depois da leitura destas páginas possa tomar a melhor decisão.

PARTE I
Eu te amo, mas já não te aguento mais

Os amores são como os impérios: quando desaparece a ideia sobre a qual foram construídos, eles também perecem.
MILAN KUNDERA

Quando uma porta se fecha, outra se abre; mas, muitas vezes, olhamos tanto tempo e com tanto pesar para a porta fechada que não vemos a que se abriu para nós.
ALEXANDER GRAHAM BELL

Elogio ao saco cheio

Nas relações a dois que não funcionam bem, perseverar nem sempre é conveniente. Quando a relação é realmente ruim e/ou doentia, a insistência obstinada leva você a um beco sem saída, fazendo com que retroceda emocionalmente, em vez de evoluir. Provavelmente você já consultou, sem resultado, psicólogos, *coaches* e assessores espirituais para tentar melhorar seu vínculo afetivo. Você se pergunta se não tem uma tendência obscura que o faz sofrer repetidamente, sem encontrar resposta. Querendo ou não, a paciência acaba. E, apesar das tentativas de sair do atoleiro emocional, seu companheiro não muda nada.

Você descobriu que a palavra nem sempre tem poder, ou pelo menos parece que com a pessoa amada não funciona: ela não processa o que você diz; não consegue ou não quer entender. A sensação é de uma impotência existencial, como se você estivesse em uma enorme área de areia movediça, e quanto mais tenta sair, mais afunda. Esse é o paradoxo dos maus amores ou dos que não valem a pena; como uma maldição, cada tentativa de escapar o faz voltar ao ponto de partida.

Talvez você não deva dar ouvidos aos otimistas do amor. *Definitivamente, certas relações são insuportáveis, chatas demais e irrecuperáveis.* Quando você vê isso com frieza, sem analgésicos e sem autoenganos, acorda e reage: "Que diabos estou fazendo aqui?".

O caminho da libertação afetiva é deixar-se levar por seu instinto básico de sobrevivência, por seus princípios e pelo *cansaço construtivo*, e digo "construtivo" porque ele nos leva a descarregar o lastro emocional que nos esmaga. Quando você diz com convicção, com até a última célula do corpo, "Cansei dessa relação", impõe-se uma maravilhosa forma de alívio dentro de si. Saturar-se é entregar as armas, não por covardia, e sim por princípios; é rebelar-se contra a esperança inútil e o sofrimento causado por continuar esperando que a bananeira dê jaca. Como em uma iluminação, você dirá: "Esta batalha não é minha, não me interessa mais". Sentir-se farto de uma péssima relação é ligar seu motor interior e agir de acordo. A razão? Você se cansou de andar com a dor a tiracolo, de se armar de paciência até os dentes, de ser uma pessoa objetiva, equânime, cuidadosa e compreensiva, e tudo continuar igual. E então chega uma centelha de sabedoria básica, essa que caracteriza os bons guerreiros: você saberá escolher as batalhas e metas de vida; as suas, e não as impostas pela ordem social, familiar ou moral; as que realmente lhe pertencem. Não são os *deveria*, e sim o que brota de você, o que deseja de coração, o que vale a pena, mesmo que os outros não entendam.

Se o desencanto mais profundo o tomar e a extenuação se impuser, não mais importará o que foi ou o que poderia ser; todo esforço e todo sacrifício perderão o sentido. Você largará mão, não serão mais seus problemas, serão problemas do outro, e ele que faça o que quiser. Cansar-se, fartar-se ou saciar-se do outro é chegar ao desapego pela porta dos fundos, mas é desapego mesmo assim. Ensaie, e quando encontrar o olhar do outro, esse mesmo no qual buscou tantas vezes uma centelha de ilusão, expresse das profundezas de seu ser: "Estou saturado das suas coisas, dos seus problemas, de não saber se me ama, de sua frieza, de ser responsável por suas emoções, por suas obsessões", ou qualquer outra coisa que brote de você.

Não quero, com isso, afirmar que nunca vale a pena tentar salvar uma relação disfuncional. Quando fazer isso? Quando o vínculo afetivo, apesar de passar por um mau momento, continua sendo uma forma de crescimento pessoal, de progresso psicológico, emocional e espiritual. Mas quando prejudica seus princípios, sua dignidade e seu respeito como pessoa, sua autorrealização ou seu bem-estar, sua saúde física e mental, é preciso ir embora. Aquilo que é doentio, que machuca e altera negativamente você ou sua humanidade, não se justifica nem mesmo por amor.

O esgotamento emocional categórico, ou seja, aquele que toca fundo e o obriga a ver as coisas como são, faz com que você pare e se observe de maneira direta e sem analgésicos. Uma parada no caminho que lhe permite ver a inutilidade, o absurdo ou o perigo de sua maneira de pensar e viver o amor. Autoconhecimento em estado puro, mesmo que doa.

No entanto, algumas pessoas, mesmo sabendo que estão mal acompanhadas e que pagam um preço muito alto para preservar a relação, esperam se *desapaixonar* para tomar decisões. Alguns pacientes me dizem: "Mas o que posso fazer, se o amo?". Nesses casos, o pensamento que se repete como um lamento é: *Gostaria de não o amar*.

Mas devo fazer um esclarecimento importante: cansar-se de um vínculo afetivo não necessariamente é deixar de amar. É possível que você decida terminar com alguém mesmo que continue a *amá-lo* (mesmo que esse amor não tenha pé nem cabeça).

O que você deve compreender é que não precisa esperar que chegue o desamor para se salvar: *você pode* escolher sair de uma relação ruim simplesmente porque não faz bem para sua existência, mesmo que o amor persista. Dói? Sem dúvida! Mas se trata de sua vida. Às vezes, é preciso escolher entre duas dores: uma que o liberta e outra que o escraviza. Uma paciente resumiu isso muito bem quando disse a seu marido em meu consultório: "Sinto muito, meu amor, mas prefiro sentir sua falta a ter que aguentar você".

Não importa quanto você *investiu* na relação e a quantidade de tentativas fracassadas; simplesmente acaba, o vínculo se extingue, apesar de suas tentativas de reanimá-lo. Uma frase mágica, que induz força interior, mesmo que pareça contraditória, é: "Eu te amo, mas vou embora". "Mas ainda existe amor! Como pode fazer isso?", dirão alguns. Minha resposta é simples: "O amor não basta". Se viver com a pessoa que você ama se tornou uma tortura, pergunte-se por que insiste. "Eu te amo, mas vou embora", quando for necessário, é uma atitude protetora e inteligente que o levará a se reinventar repetidamente – um belo exercício da autonomia.

Não pense que depois de uma ruptura é preciso *começar emocionalmente do zero*. Ir ao encontro da nova vida implica entregar-se a ela com paixão e entusiasmo, mas com a experiência e os pés no chão, e com a certeza daquilo que você *não quer repetir*. Você inventa e determina seu destino, organiza-o ou o desorganiza, constrói ou destrói, embeleza ou enfeia. Estou falando de uma estética da existência, que consiste em fazer da vida uma obra de arte, com defeitos e virtudes, mas que você realiza como quem pinta um quadro ou esculpe uma estátua.

Se sua relação a dois é realmente ruim e não há nada a fazer, que maravilha se cansar do outro, da relação e da estupidez de querer salvar o que não tem salvação! Coragem e emancipação, juntas e de mãos dadas. É preciso reavaliar o acordo inicial de misturar sua existência com a de seu parceiro e revertê-lo (porque, sim, isso é possível): "Eu lhe devolvo sua vida, que é sua, e resgato a minha, que me pertence". Ninguém é de ninguém. O amor são duas individualidades que se abraçam, não *dois que parecem um*; são dois indivíduos livres e separados que se envolvem um no outro para fazer contato e se descobrir mutuamente.

Quando você se farta de verdade e até as últimas consequências, o molde em que está preso voa pelos ares e a armadura desmorona. Se um dia sentir isso, grite a plenos pulmões, escreva nas paredes de sua cidade, pendure um cartaz e anuncie pelas ruas a boa-nova: "Recuperei minha vida". Você havia se perdido e se encontrou no alívio provocado por um *cansaço produtivo*.

Que sua vida seja um elogio à rebeldia, e não uma demonstração lastimosa de entrega irracional. Não existe uma lei universal nem cósmica que diga que você deve se sacrificar por alguém que não sabe amá-lo ou que até mesmo o machuca. Chega de atitudes masoquistas; o bom amor acaricia, cuida, sorri. E também é recíproco, não milimétrico, e sim democrático: uma democracia afetuosa e apaixonada ao mesmo tempo. Devemos lutar pelo que vale a pena? Claro, pelo *que vale a pena*, pelo que nos torna seres humanos melhores, mais completos, mais íntegros. Mais adiante, veremos que a perseverança cega e obstinada é um antivalor que pode levar você a uma espécie de escravidão socialmente aceita.

Veja sua relação afetiva sem máscaras. Diga-me: nunca teve vontade de mandar tudo para o inferno e sair correndo sem rumo, sem meta, só correr por correr, como naquele filme *Forrest Gump: O Contador de Histórias*? Quando você diz, de verdade e do fundo da alma, "Me cansei de você", manifesta algo incrivelmente poderoso: "Não aceito mais o jogo de um amor insuficiente ou prejudicial". "Me cansei de você" significa: "Vou me curar, vou me afastar de tudo de nocivo que há nesta relação mal concebida e mal executada". É um começo; é perceber que você está gastando energia vital de uma maneira improdutiva.

Chegam duas pessoas a meu consultório. É um casal. Entram discutindo aos gritos e se insultando, como se eu não estivesse presente. Convido-os a sentar; eles se sentam, sem deixar de se olharem com raiva. Pouco depois, contam-me que são como cão e gato. Tudo é complicado e cada briga se torna interminável, porque eles não têm a mesma visão de mundo, os mesmos gostos ou aspirações. Então, eu lhes pergunto por que continuam juntos e se já não pensaram em se separar. Imediatamente param de brigar e a ira que manifestavam entre si se dirige a mim. Passo a ser o inimigo principal dos dois. Eles se dão as mãos, levantam-se e dizem, quase em uníssono: "Nós nos amamos!". Peço que se sentem. Continuam com as mãos entrelaçadas. Digo: "Que pena... Se não se amassem, cada um poderia estar com uma pessoa que combinasse mais com o que cada um é"; e penso com meus botões: *Bendito desamor quando nos mantém longe da pessoa que "não é a certa" ou nos tira de uma relação insuportável!* Para outra paciente que, ela sim, tinha clareza, perguntei de que estava cansada, e sua resposta foi: "De tentar, doutor, de tentar...".

Cansaço *vs.* decepção: dois tipos de saco cheio

VERSÃO LENTA: CANSAÇO CUMULATIVO E FRUSTRAÇÃO EFICIENTE

Há um tipo de cansaço que vai se acumulando pouco a pouco, que cresce e se faz notar, porque fica cada vez mais difícil de aguentar, e nos ajuda a tomar decisões. Há outro que parece não ter fundo, o copo nunca se enche. Esse cansaço se dilui em algum lugar da mente, do corpo ou do coração.

O que me interessa é o primeiro tipo de esgotamento, o que avança, mesmo que devagar, e atinge seu objetivo. Nessa versão, a memória vai registrando em silêncio a insatisfação. Há uma contabilidade interna de eventos e atitudes que incomodam e dificultam a caminhada cotidiana ao lado da pessoa que dizemos amar. Desprezos, condutas egoístas, frieza, enfim, golpes baixos que vão minando a força do amor. Quanto dura o processo para chegar ao limite e fazer a ruptura acontecer? Como você verá mais adiante, depende de seus medos, apegos, inseguranças, crenças e valores. Quanto mais obstáculos, mais tempo. E embora a separação doa, às vezes a mente realiza um balanço que consiste em escolher, entre dois males, o menor. Como eu disse antes, já vi casos em que a outra pessoa era tão insuportável que *doía mais ficar com ela que ir embora*.

Existe um fator adicional que ajuda a mandar tudo para o inferno: a *frustração útil* ou *eficiente*. Você tenta, inventa formas e modos de restabelecer a ordem emocional da relação, se sacrifica, negocia coisas que não deveria negociar ou diz "sim" quando quer dizer "não"; enfim, trabalha por uma meta que, como sugeri antes, quanto mais você se esforça, mais ela parece se afastar. É como se seu parceiro estivesse em outro planeta: ele não compreende, não sabe, não responde ou não se importa.

A resposta natural para essas tentativas frustradas, além da *apreciação cognitiva* evidente de que a coisa não funciona, é a frustração: a impossibilidade de atingir um objetivo ou satisfazer um desejo apesar de trabalhar nesse sentido. As reações emocionais mais comuns quando você se frustra são ansiedade, tristeza e ira. E veja que interessante: a ira pode ser reflexiva. Não estou falando de agressão ou violência dirigida ao outro nem a ninguém, e sim da sensação interior, pura e concentrada de uma raiva que é possível transformar em *indignação*. Indignar-se é

Cansaço vs. decepção: dois tipos de saco cheio

um sentimento exclusivamente humano que se traduz como "ira contra a injustiça". Não é um chilique, é um protesto essencial diante de certos comportamentos e atitudes (nesse caso, diante de seu parceiro ou da relação em si) que você considera indevidos ou ilícitos em relação a sua dignidade pessoal. O poder que o move é a convicção profunda de que as coisas devem mudar para melhor. A indignação é uma força interior que o incita à desobediência, a não se resignar, a dizer o que o desagrada e o que não é capaz de aceitar nem pintado de ouro. Então, pegue a ira causada pela frustração de estar em uma péssima relação e ponha-a a serviço de seu bem-estar. Além do "Cansei", acrescente um profundo "Não é justo que eu entregue parte de minha vida a alguém que não move um dedo por mim" (*indignação*). Quando o *cansaço positivo*, a *frustração eficaz* e a *apreciação cognitiva* de que a coisa não funciona se juntam, conduzem-no à libertação afetiva, sem culpas e com muito pouco pesar.

Às vezes, pessoas argumentam que é preciso ter paciência, "que tudo tem sua hora", que a abnegação nos levará por um bom caminho; mas, no amor insuficiente ou mal concebido, ficar à espera nem sempre traz vantagens ou leva a ajustes. Um paciente me disse, depois de ter um *insight* sobre sua situação afetiva: "Todos me dizem para ter paciência, que ela vai largar o amante, que é uma coisa furtiva, para eu procurar compreendê-la. Você sabe que eu tentei... Mas ontem à noite... ontem à noite eu me senti cúmplice dela e fiquei indignado, com ela e comigo. Vejo claramente: eu estou patrocinando a traição, e não vou continuar fazendo isso. Se ela não me ama, tudo bem, que não me ame. Fiz minha mala e fui embora com a tranquilidade interna de estar fazendo o certo e sem tanta dor. Ela que fique com o amante". A paciência é uma virtude se não lhe rouba o impulso de lutar quando necessário.

Versão rápida: saturação imediata e, quase sempre, irreversível

Existe outra maneira de renúncia que não precisa de tanto tempo de elaboração. Mais que um "Cansei", é um "Chega! Não dá mais! O que você fez é absurdo!". Categórico, arrasador como um vendaval. Refiro-me a quando o outro gera em você, devido a seus comportamentos, uma imensa, colossal e épica *desilusão*. Desencanto puro e duro. De repente, o amor se paralisa, congela e possibilita o afastamento e a ruptura.

Uma mulher casada pela segunda vez me explicava: "Deixei de amá-lo em um piscar de olhos quando percebi que ele abusava sexualmente de nossa filha. Meu coração se esvaziou. De uma hora para outra não havia nada. Ou melhor, surgiu uma profunda sensação de nojo. Expulsei-o de casa e não o vi mais, até que um dia ele me pediu perdão e eu não aceitei. Nada justifica o que ele fez. Não há atenuantes nem desculpas". Cada um perdoa o que considera *perdoável.* O caso é claro: em um instante, do prazer que provoca o afeto à repugnância. Você ainda duvida que o amor tem limites?

Como uma bomba silenciosa, o desengano arrasa até com o último resquício de convivência e de afeto. Nada em você quer estar com a pessoa que amava. Você a afasta de si sem dó nem piedade. Na realidade, quando sobrevém a *desilusão afetiva*, você descobre que por trás da pessoa que amava se escondia alguém completamente diferente e desconhecido, alguém que não lhe agrada em absoluto.

Vejamos dois exemplos, um imaginário e outro cinematográfico:

- Suponhamos que você está em casa com sua esposa e suas duas filhas. De repente, tudo começa a tremer. As paredes rangem, os quadros caem, o piso se move sob seus pés, cai pó do teto e tudo fica borrado. As meninas o abraçam e choram.

Tudo acontece muito depressa, e você mal consegue reagir. Então, angustiado, chama sua mulher para que o ajude com as meninas, mas só a vê correndo para fora. Você repete o nome dela, dessa vez gritando, e ouve sua voz escada abaixo: "Corram, corram!". Depois, as coisas voltam ao normal. Nada mais treme, só uns tremores secundários de vez em quando, sem importância. Sua mulher sobe e pergunta com aparente preocupação: "Você está bem? Estão bem? Graças a Deus!", e abraça os três. O que você sentiria se fosse o marido? O que pensaria? Como isso o afetaria?

- Em *Força maior*, filme sueco de 2014 dirigido por Ruben Östlund, ocorre algo parecido. Em uma estação de esqui, a neve começa a se soltar e se dirige ao terraço do hotel onde se encontram os protagonistas, que vão almoçar. É uma família composta de pai, mãe, um menino e uma menina. Tudo faz antever uma catástrofe. As pessoas gritam e procuram se salvar. A mãe, instintivamente, abraça os dois filhos, enquanto o pai pega o celular, sai correndo e os deixa sozinhos. A seguir, ao ver que a avalanche para e não acontece nada grave, o homem volta e pergunta, com evidente nervosismo, como estão. A partir desse momento, a mulher entra em choque, não tanto pela avalanche, mas mais pela atitude do marido. Ela começa a sentir uma profunda decepção para com seu companheiro, que se defende afirmando que não é para tanto. Não vou contar o resto do filme, visto que vale a pena assisti-lo.

Nas duas situações propostas, é provável que dois dos aspectos mais importantes do amor se percam: *admiração* e *confiança*. Talvez você tenha conhecido um lado perverso e covarde da pessoa que ama. Daí para o desamor é um passo, e para um adeus definitivo, um passinho. Desamor instantâneo, sem reflexão, como um balde de água fria que transforma seus sentimentos e os reacomoda. Como amar uma pessoa a quem não admiramos ou em quem já não confiamos, que foge em vez de nos ajudar? Quando a maneira de ser de seu parceiro bate de frente com seus valores fundamentais e não negociáveis, dá-se um misto de espanto, desencanto e perda. Você não percebe a coisa como um simples erro ou um engano que qualquer um poderia cometer, e sim como uma falta que não se encaixa em sua estrutura cognitiva/afetiva e em sua visão de mundo.

No entanto, algumas pessoas, para reduzir a tensão causada por esse tipo de conflito, mudam suas crenças mais profundas para não perder a pessoa amada. Elas se *corrompem* por amor. O problema é que os princípios (valores, crenças essenciais) são o núcleo de seu ser, aquilo que orienta sua vida e sua maneira de conceber o mundo; se você os modificar conforme a conveniência, acabará se vendendo pelo melhor lance, será um pequeno bote no meio do oceano à mercê do vento, e lhe faltará força interior e direção. A conhecida frase atribuída a Groucho Marx mostra com humor essa falta de coerência básica: "Estes são meus princípios, mas, se não gostar... tenho outros".

Oito razões pelas quais aguentamos uma relação que é motivo de sofrimento

Por que suportamos tanto uma pessoa que se transforma em motivo de sofrimento? O que nos impede de nos cansarmos e rompermos definitivamente?

Negar-se a continuar tolerando uma relação afetiva na qual o bem-estar viceja em sua ausência e o sofrimento cresce como um câncer é um ato de lealdade consigo mesmo. É o "não" que surge como uma forma de autoconservação básica e natural. Um despertar do qual nem todos são capazes. Às vezes, você está a ponto de tomar a decisão de terminar, parece que já chegou ao limite, e alguma coisa o detém. No entanto, seu corpo, com sua sabedoria, quer ir embora, fugir, respirar ao ar livre, e até mesmo lhe indica o caminho; mas você não consegue. Duas forças internas se opõem e entram em conflito.

Os fatores que impedem que o "saco cheio libertador" chegue a um feliz limite e se consolide em um adeus inteligente são muitos. Essas causas (medos, crenças, atitudes, comportamentos, emoções) atuam como um freio de emergência que detém o processo normal de mandar tudo para o inferno. Tristemente, em muitos casos, quem ganha a batalha é a resignação. Quando isso acontece, significa que as travas internas ou externas foram mais fortes que o empuxo do esgotamento e da vontade de se emancipar.

Insisto: suportar o *insuportável* ou aguentar só por aguentar não é um valor, e menos ainda quando atenta contra seu bem-estar. Se uma pessoa me dissesse, com cara de faquir experiente, "Sou casado há quarenta anos", em vez de cumprimentá-la, eu lhe perguntaria como foi esse tempo, se realmente curtiu essas quatro décadas ou se resistiu heroicamente. Se foi bom ou bastante tolerável, eu diria: "Que bom!"; e se foi um calvário, diria: "Que idiotice!".

Existem mais fatores, mas, segundo minha experiência como terapeuta, as oito razões a seguir são as que considero mais significativas e as que explicam melhor a *tolerância* a uma relação ruim.

1. Medo de enfrentar a vida sem seu parceiro porque você se sente uma pessoa fraca ou insegura

Se sua autoeficácia ou autoconfiança é pobre, se não se sente capaz de se responsabilizar por si mesmo, seu parceiro se tornará uma espécie de guarda-costas. Você acredita que o ama, mas, na realidade, precisa de alguém mais forte que o ajude a sobreviver em um mundo que percebe como ameaçador e complicado. Ninguém o ensinou a fazer isso ou você não aprendeu. O psicólogo Albert Ellis se refere a essa dependência como "a ideia de que devemos depender dos outros e que precisamos de alguém mais forte em quem confiar". O imperativo que surge desse esquema de incapacidade é: "Tenho que fazer todo o possível para não ficar sozinho e manter a pessoa que *cuida de mim* ao meu lado, não importa o meio que utilize".

Se esse for seu caso, é capaz que entre no seguinte círculo vicioso: quanto mais a pessoa amada o ajuda, menos você sabe do que realmente é capaz; isso reforça sua sensação de fraqueza, e então você pede mais proteção e auxílio, o que novamente aumenta sua percepção de incapacidade. O tormento psicológico perfeito. De um jeito ou de outro, o apego vai amarrá-lo ao outro.

Se a pessoa amada representa uma fonte de segurança imprescindível para sobreviver, o medo de perdê-la o fará suportar qualquer coisa só para manter o vínculo. Uma vez eu disse a uma paciente: "Você não se cansa de ser maltratada o tempo todo?". Ela me respondeu: "Cansar? Que ideia! Isso significaria deixá-lo, afastar-me dele... Eu não poderia! Eu suportaria qualquer coisa".

Algumas recomendações:

- Ponha-se à prova, crie uma casca grossa. Procure resolver seus problemas sem ajuda, mesmo que sejam simples. Assuma as coisas que você evita. Não lhe peço que mande tudo para o inferno de uma vez e se submeta à mais desapiedada ansiedade, mas, queira ou não, você tem que avançar. Então, tente pouco a pouco, sem contar a ninguém. Que seja sua tarefa, seu projeto de tese, sua missão nos próximos meses. *Comece a se responsabilizar por si mesmo.* Se não ousar, nunca saberá até onde pode chegar e quão forte é. A vida quer você em plena atividade, lutando por sua felicidade e seus ideais. Embora seja difícil acreditar, dentro de você habita um guerreiro esperando que o deixe sair livremente.
- Pense, analise e analise de novo se realmente ama seu parceiro ou se isso é só um refúgio onde você se sente a salvo. O medo subjuga, paralisa, rouba a segurança e a capacidade de tomar decisões. Não troque dignidade por *proteção*. É preferível correr o risco de errar e crescer a continuar com alguém por *necessidade*. Deixe que o cansaço construtivo lhe indique o caminho. Quando se

cansar de depender, você aceitará o pior que possa acontecer com valentia, e descobrirá que, muitas vezes, aquilo que considerava o *pior* (por exemplo, perder seu parceiro) acaba sendo o *melhor* (por exemplo, sentir-se dono de si mesmo).

- Elimine os pensamentos que reforçam a ideia de uma suposta fraqueza (bloqueie-os, quebre a corrente que conecta um ao outro, não os deixe avançar): *Não sou capaz; Definitivamente, sou inútil; A vida é muito difícil; Sem meu parceiro ao meu lado eu não saberia o que fazer; Preciso me sentir seguro o tempo todo; Preciso de alguém mais forte ao meu lado para poder sobreviver.* Tire-os, arranque-os como se extirpasse um espinho. Não os deixe progredir. Interrompa o fluxo negativo dizendo "Chega!" cada vez que um pensamento derrotista surgir em sua mente.

Você não poderá acabar com a relação quando necessário se estiver se sentindo fraco e considerar seu parceiro o *melhor cuidador* que pode ter. Sua fraqueza/insegurança decidirá por você. Será o freio que o fará continuar aguentando o que não deveria, mesmo se o saco cheio/cansaço o impulsionar ou tentar acelerar uma ruptura lógica e desejável.

2. Medo da solidão afetiva porque, no fundo, você acha que não pode ser amado

Diferentemente do ponto anterior, aqui o medo se concentra no fato de que, se a relação atual acabar, *ninguém mais o amará porque, essencialmente, você é uma pessoa pouco digna de amor*. Esse pesadelo tem nome: *solidão afetiva*. Por quê? Porque você não se acha uma pessoa interessante, atraente, inteligente, engraçada, culta ou qualquer outra coisa que julgue não ter a seu favor. Um passado de fracassos afetivos também ajuda nessa autopercepção. Como é óbvio, com essa bagagem nociva nas costas é muito possível que o medo da solidão afetiva se torne crônico e que sua capacidade de suportar se multiplique.

Quando a crença de que ninguém mais o amará se instalar, você fará sua própria lavagem cerebral para que continue preso a quem lhe faz *o favor de amá-lo*. Você dirá, como um disco riscado: "Minha relação não é tão horrível", "Há piores", "Pelo menos é uma companhia".

Em certa ocasião, depois de várias consultas, uma mulher me disse com um misto de raiva e tristeza: "Olhe para mim! Quem vai se apaixonar por mim?!". Seu marido era um desastre, e cada vez que podia, chamava-a de feia e gorda. Deixei de vê-la por um tempo, mas, depois de dois anos, ela voltou a meu consultório devido a um problema com a filha. Estava radiante! Sua pele parecia de porcelana, seus olhos cintilavam de energia positiva, usava uma roupa moderna, estava descontraída e não parava de sorrir. Sem perguntar nada, eu soube que havia se libertado do sujeito que a torturava, não era mais vítima, já achava possível ser amada e seus esquemas negativos haviam desaparecido. Como melhorou? Outro homem leu sua alma e se apaixonou por ela. Foi difícil convencê-la de que a amava de verdade, porque ela não acreditava. E então, conforme me contou depois, certa tarde, ela disse a seu marido, com voz tranquila e sem tirar os olhos dele: "Estou farta de você. Você é um monstro". O sujeito não disse nada; fez as malas e foi embora. Talvez tenha compreendido que não podia mais exercer seu papel de carrasco porque não havia mais vítima; sua mulher já não se sentia um rejeito emocional.

Algumas recomendações:

- A premissa que surge de minha experiência como psicólogo clínico é a seguinte: seja quem for e faça o que fizer, sempre haverá alguém que gostará de você e estará disposto a amá-lo até o osso. A única coisa que deve fazer é deixar que o mundo saiba que você está *disponível* para deixar o amor entrar. Se tivéssemos um mecanismo de nascença que se acionasse quando estamos em busca de um amor, por exemplo, uma luz vermelha que não pudéssemos esconder, não demoraria muito para que outra pessoa, também com a luz vermelha acesa, se aproximasse.

- Se você terminou uma relação e a solidão afetiva está lhe fazendo mal, esta reflexão pode lhe servir: "*Hoje* estou sem ninguém, mas farei as pazes com a solidão em que me encontro. Vou abraçá-la. A partir deste momento, declaro greve afetiva. Sem pompa nem circunstância: é uma decisão íntima e pessoal. Um segredo de estado: *agora, eu é que não quero ficar com ninguém*. Construirei meus espaços, minha recriação, e me aproximarei de meus amigos e família. Recuperarei os sonhos e a liberdade que tive um dia e que deixei de lado pela pessoa que amava".

- Se o que pretende é ter certeza de que jamais será abandonado, você tem um problema nas mãos, porque essa probabilidade sempre existe. A estratégia de Pablo Neruda poderia lhe servir: "Eu me apaixonei pela vida; ela é a única que não me deixará sem que eu a deixe antes". Isso é verdade, e de uma beleza enorme. Mas, no amor interpessoal, temos que correr riscos; não há alternativa.

> Você não poderá mandar tudo para o inferno quando necessário se acreditar que seu parceiro está lhe fazendo um favor por estar ao seu lado, porque você não é uma pessoa passível de amor e ninguém mais o amará. Seu autoconceito empobrecido decidirá por você. Será o freio que o fará continuar aguentando o que não deveria, mesmo se seu saco cheio/cansaço o impulsionar ou tentar acelerar uma lógica e desejável reestruturação da relação.

3. Crenças religiosas radicais

Em muitas religiões, a *permanência conjugal* é considerada um valor exemplar e uma demonstração de amor a toda prova, independentemente de como esteja o casamento. O princípio parece ser: quantidade mais que qualidade. Essa *afetividade ascética* exige manter o vínculo a despeito do nível de insatisfação dos cônjuges e dos motivos que a ocasionam: agressão física, maus-tratos psicológicos, desamor, ausência de desejo, infidelidade ou dependência emocional; nada justifica a ruptura. Nenhuma causa terrena pode desfazer o compromisso entre duas pessoas que assumiram estar juntas por um amor *transcendental*, mesmo que esse amor não esteja mais presente e ocorra uma infinidade de barbaridades em seu nome. Nesse contexto, o que amarra você a essa pessoa, mesmo que ela seja inadequada, não são só suas decisões, mas também uma lei divina. Ficar ali e manter a relação se tornará uma obrigação moral e/ou um desígnio espiritual.

Para lutar contra essa determinação que o induz a continuar onde não deveria nem quer estar é preciso muita coragem e um acúmulo de transformações que não são fáceis de operar quando as crenças realmente se estruturam em um ato de fé.

Segundo essa visão, se você se encher ou se cansar do jeito de ser de seu parceiro (insisto: mesmo que os motivos sejam evidentes e às vezes urgentes ou de vida ou morte), entrará no nebuloso mundo do pecado. Em outras palavras: não interessa tanto se você ama ou não sua cara-metade; tem que ficar a postos, aconteça o que acontecer. A adesão cega a suas crenças religiosas – respeitáveis, a propósito – fará com que você suporte o insuportável.

Uma senhora havia vários anos suportava os maus-tratos psicológicos de seu marido e todo tipo de humilhações. Na primeira consulta, ela explicou: "Sou religiosa, e o que Deus uniu, o homem não separa. Ele sempre continuará sendo meu marido". Ela também não era capaz de se opor às afrontas a que era submetida pelo homem. Eu lhe propus um programa de treinamento assertivo para restabelecer sua autoestima e tentar se defender dos ataques do marido.

"Não é meu estilo, eu sou pacífica", disse ela. Eu lhe expliquei que ser *assertiva* não era ser *agressiva*, porque ela não violaria nenhum direito de seu marido; simplesmente traçaria limites. Ela não aceitou, dizendo que ele "ficaria furioso". Então, falou-me de suas expectativas terapêuticas: "O que eu preciso é que ele mude". No entanto, o homem se recusava a procurar qualquer tipo de ajuda, e inclusive ficava furioso quando ela o sugeria, arguindo que ele não era louco e que terapia só servia para pessoas pouco inteligentes como ela. Nessa mesma consulta, eu solicitei a ela um exemplo de agressão/humilhação a que era submetida. Ela pensou um pouco, como se tentasse escolher uma, e disse: "Quando ele não gosta da comida que faço, joga-a no chão, faz eu me ajoelhar e me obriga a comê-la". Minha paciente esperava um milagre: que o sapo se transformasse em príncipe ou o cafetão em cavalheiro. Pretendia que, de uma hora para outra, por obra e graça de alguma dica minha, seu marido se desse conta de que existiam direitos humanos e que deviam ser respeitados, inclusive os de sua mulher. Sugeri que Deus compreenderia se ela se deixasse levar pelo cansaço (que era evidente) e o abandonasse, que se tratava de um caso extremo de sobrevivência física e emocional; mas eu não era uma pessoa com autoridade no assunto. Imediatamente ela se defendeu: "Estou cansada, mas é meu dever!". Pedi a colaboração de um padre amigo, que a ajudou a ver as coisas sob outro ângulo. Por fim, ela conseguiu se separar, mas a culpa durou um tempo considerável e foi preciso tratá-la. Uma vez, ela me disse: "Não entendo por que tenho esse sentimento de indignação que não me deixa em paz".

Há casos de resistência irracional à separação em que quem manda é a autopunição e a culpa está presente. O sacrifício de continuar com a pessoa insuportável adquire o significado de uma condenação ("Eu mereço") e/ou de expiação ("Tenho que corrigir minhas ações ou minha condição"). A relação afetiva disfuncional e nociva é vista como uma enorme carga que se deve suportar docilmente, com uma espécie de resignação inescapável, como se fosse um calvário. Seria de se esperar que em muitas mulheres pós-modernas, e devido à influência do feminismo cada vez mais crescente, já não existisse esse preceito taxativo sob o qual se comportavam nossas avós no século passado: "O casamento é uma cruz". Mas, infelizmente, ainda há muitas culturas e grupos sociais em que a mansidão a qualquer preço é bem-vista.

Algumas recomendações:

- Uma reflexão adaptativa sem alterar suas crenças: Deus, ou em quem quer que acredite, sendo um ser superior e pleno de amor ou bondade, não vai querer que você viva um inferno aqui na Terra. Ele não quer que você seja uma vítima passiva e profundamente infeliz porque cometeu o erro de escolher uma pessoa inadequada ou se deixou enganar por ela.
- Fale sobre esse assunto com seu assessor espiritual e exponha suas dúvidas para conhecer as respostas e opções que pode ter. Por exemplo, segundo sua doutrina, quando se admite uma separação? Existe um sofrimento justificado e outro injustificado? Sofrer e baixar a cabeça é um valor ou às vezes é preciso opor-se? É bem possível que a sensatez e o bom senso daqueles que guiam sua vida espiritual o auxiliem. Mas se não for assim, você tem que se apoderar de si, sair da letargia e tomar decisões cruciais, o que implica assumir as consequências. Que decisões? Impor limites, ficar ou ir embora e definir de uma vez

por todas quão importante é para você lutar por sua felicidade.

- Às vezes, em situações como as que eu apontei, as pessoas me dizem com angústia: "Mas eu o conheci assim! Eu sabia como ele era! E agora... não tenho direito de reclamar". Este silogismo mal--ajambrado engana muita gente: *se aceitei meu companheiro como ele era, tenho que aguentar, porque eu conhecia seu jeito de ser.* É como se dissessem: "Eu jurei e certifiquei meu compromisso, como vou largá-lo agora?". Cuidado, pois não estamos nos referindo a um negócio que implica dinheiro ou bens materiais; estamos falando de uma vida, de sua qualidade e sua saúde. E quanto ao silogismo? Está mal construído. Da premissa não se extrai logicamente a consequência. Poderíamos dizer, por exemplo: "Eu o conheci assim, do jeito que você é, mas mudei de ideia", pela razão que for. Um erro não vai condená-lo daqui até a eternidade. Em outras palavras: jurar sob os efeitos da paixão ou do ofuscamento e da expectativa de que tudo será cor-de-rosa não faz de você um ser indesejável e impenitente. E mais: você poderia dizer, e já bastaria: "Não o amo mais, você me fez muito mal!". Eu me pergunto: se está estabelecido e culturalmente aceito (inclusive por todo tipo de instituições religiosas) que o amor é, por excelência, o motivo para se casar ou estabelecer um vínculo estável, por que o *desamor* não é uma causa suficiente para acabar com a relação? Não estou dizendo que você deve sair por aí comprometendo sua palavra e seu coração e, depois, acomodá-los a sua conveniência, sem motivos válidos; o que afirmo é que, nas questões do amor, podemos cometer grandes erros sem ser mal-intencionados; portanto, temos direito de mudar de ideia.

- Vejamos um exemplo para refletirmos juntos: se você se apaixonou por uma pessoa com traços psicopáticos, que, como todo bom psicopata, esconde e disfarça sua personalidade, e depois de um tempo o lado mais sombrio dela apareceu, que culpa você tem? Tem que ficar com Hannibal Lecter porque *jurou*? Lamento, mas nesse caso e similares, quando termina uma relação com um parceiro profundamente destrutivo, você não é um pecador; é uma vítima, e as vítimas precisam ser respeitadas e ajudadas, além de ouvidas. Deus não quer que você fique com um canibal.

> Você não poderá mandar tudo para o inferno quando necessário se pensar que Deus o castigará por tentar se libertar da tortura de um amor insuportável. Suas crenças religiosas tomarão a decisão por você. Serão o freio que o fará continuar aguentando o que não deveria, mesmo se o saco cheio/cansaço o impulsionar ou tentar acelerar uma ruptura lógica e desejável. Além da ajuda psicológica, peça também a espiritual.

4. Achar que não deu à relação as oportunidades necessárias

Se você é uma vítima do amor, não há lugar para a culpa. A dúvida, a maldita dúvida, que costuma aparecer quando o cansaço construtivo nos toma e estamos prestes a por fim terminar uma relação tóxica, é a seguinte: "Será que não lhe dei todas as oportunidades? Será que estou me precipitando?". Era o que me dizia uma mulher a quem atendi. Ela estava hospitalizada, com muitos hematomas e fratura de mandíbula devido aos socos que levara de seu marido. Com toda a valentia, ela dissera ao homem que queria se separar porque havia descoberto que ele tinha um caso. Como tantas outras vezes, levou uma surra. Como é possível que alguém com esse histórico ainda hesite e acredite que não deu as oportunidades suficientes? Um só tapa deveria acabar com essa dúvida, acabar com qualquer hesitação e substituí-la pela certeza de que está agindo corretamente. A explicação mais plausível é uma mistura de vários fatores: medo de errar, uma memória seletiva que ressalta mais o lado bom que o ruim da relação, uma esperança sem fundamento, à prova de tudo, e/ou uma autoestima tão negativa que poderia até justificar a agressão, entre outras. Mas, independentemente das possíveis causas, o importante é entender e ver com absoluta clareza que *se alguém machuca você intencionalmente, ele não o ama ou seu amor é doentio.*

Não me refiro só à agressão física, que deixa marcas visíveis, mas também à da alma, que não se vê a olho nu, mas que se sente às vezes mais que um soco. Um paciente me explicava que, regularmente, depois de fazer amor, sua mulher, com um sorriso cínico, dizia-lhe: "Falta muito para você ser um homem de verdade!". Isso não deixava hematomas nem cicatrizes observáveis, sua mandíbula estava intacta, mas o homem ficava psicológica e emocionalmente destruído, e quando ele perguntava por que dizia isso, ela simplesmente soltava uma gargalhada e acrescentava: "Você é muito pouco para mim". O homem chegou a meu consultório profundamente deprimido, e a primeira coisa que disse foi: "Não sei se devo lhe dar mais uma chance". Eu pergunto: você daria? Durante quatro anos, a cada pós-coito, ele era mártir de um ritual perverso.

Se cada chance que deve dar implica mais um golpe para você, não faz sentido. Alguém me disse: "Vou lhe dar tantas oportunidades quanto meu corpo aguentar"; isso é se amar muito pouco. Todo mundo tem direito a errar, mas quando a pessoa tropeça sempre na mesma pedra e em outras similares, tem um problema de aprendizagem.

Quer dizer que não se deve perdoar e dar novas chances? Cada um tem seus códigos; em certas ocasiões, vale a pena tentar. Quando sua dignidade não é atacada, é mais fácil; mas, como eu disse antes, também é possível perdoar e terminar a relação. As duas posturas não são incompatíveis. Anaxágoras, filósofo pré-socrático, explicou isso muito melhor que eu e com menos palavras: "Se você me engana uma vez, a culpa é sua; se me engana duas, a culpa é minha". Para você pensar: existem coisas imperdoáveis, coisas que o amor não *justifique*?

Algumas recomendações:

- Repita comigo: quando o machucam intencionalmente, não há lugar para outra chance. Não é preciso ter pós-graduação nem entrar em um estado de iluminação para perceber isso. Mas acontece que, como dizia Pascal, muitas vezes o coração não entende de razões. O evidente se distorce para que as coisas sejam como gostaríamos que fossem; esse desejo substitui a realidade e perdemos o norte.

- Diante de certas situações e comportamentos do companheiro, é difícil dar *outra chance*; é quando atentam contra os direitos humanos, mesmo que patrocinados por um suposto amor. Qualquer agressão a sua pessoa, ou tudo aquilo que tente "coisificá-lo", deve ser repudiado. Se alguém ultrapassou os limites do seu valor pessoal, de seu ser, não o merece e ponto-final. Não há nada a negociar, nada de culpa. Você daria outra chance a alguém que diz que está ao seu lado por dó? Ou diz que sente nojo de você? Ou não se importa com seu sofrimento (seja qual for a causa) nem com sua alegria?

- A chave é a *intencionalidade*: fazer de propósito, sabendo que vai machucar. Quando se fere sem vontade de ferir e o amor está presente, o perdão surge como algo simples e verdadeiro. Não é preciso um psicólogo nem passar por tratamento para superar um estresse pós-traumático. Volto à palavra *decepção*: quando seu parceiro o machuca com consciência e determinação, você passa a conhecer o lado obscuro dele, e é possível que a desilusão acabe com tudo.

> Você não poderá mandar tudo para o inferno se precisar pensar que não deu as chances necessárias a seu parceiro, mesmo que tenha dado muitas e não perceba. A culpa decidirá por você. Será o freio que o fará continuar aguentando o que não deveria, mesmo se o saco cheio/cansaço o impulsionar ou tentar acelerar uma ruptura lógica e desejável.

5. Conformismo e resistência à mudança

Temos a capacidade de nos acostumarmos a praticamente tudo. Existe em nosso DNA, além do espírito de luta, uma espécie de conformismo que não é estoicismo, e sim uma maneira de *dar-nos por vencidos*. O ditado "melhor o ruim conhecido que o bom desconhecido" talvez seja uma das máximas que melhor descrevem uma atitude inadequada diante da novidade e do desconhecido. Aquele sapato velho, o mais confortável e que já conseguimos lassear, é difícil de substituir. Talvez suportemos um mais apertado para fazer bonito em uma festa, mas na intimidade esse sapato que nos acompanha há tantos anos, todo gasto, já conquistou um lugar em nosso coração. Com nosso companheiro pode acontecer algo parecido, e em vez de tentar melhorar, nós nos conformamos. A chave é ter uma atitude mais firme: ou melhora, ou acaba. Adoece ficar na mesma, seja regular ou ruim, como em uma espécie de limbo emocional.

A resistência à mudança faz parte de nosso sistema de processamento; todos nós a temos em menor ou maior grau, e em muitas ocasiões é o motivo que melhor explica por que algumas pessoas aguentam ficar em uma relação além do racionalmente aceitável. O interessante é que esse fatalismo imobilista se parece muito com a resignação que acompanha algumas depressões.

Vejamos um caso clássico da psicologia experimental, realizado com animais há alguns anos. Em uma caixa sem possibilidade de fuga, foi colocado um grupo de cães. O piso da caixa era formado por uma grade conectada a uma fonte de eletricidade. O experimento consistia em dar choques elétricos inevitáveis e imprevisíveis nos cães. No começo, os animais tentavam escapar, pulavam, latiam, corriam pela caixa etc.; no entanto, depois de um tempo, apresentavam uma conduta passiva, ficavam quietos, tristes, inapetentes, imóveis e isolados. Pareciam *resignados* à própria sorte. O experimentador decidiu, então, levá-los para outra caixa, à qual se acrescentou uma porta para que eles pudessem escapar se recebessem as descargas elétricas. Era de se esperar que, diante da nova possibilidade de fuga, os animais aprendessem a evitar os choques elétricos. Para surpresa de todos, os cães continuavam suportando o castigo. Apesar de repetir os ensaios várias vezes, os cães não fugiam! Não aproveitavam a alternativa que lhes era dada e não passavam pela porta. A única forma de fazê-los aprender a evitar os choques elétricos foi levá-los à força uma infinidade de vezes para fora da caixa; só assim aprenderam que a porta aberta era realmente uma alternativa de alívio e solução. A única terapia foi *mostrar* aos cães que estavam *enganados*. Os pesquisadores interpretaram esse fenômeno, que chamaram de *desesperança aprendida*, como algo causado por uma percepção de incontrolabilidade. Ou seja, os cães *viram* que seus esforços eram inúteis e ineficazes para controlar o castigo. Resignaram-se porque *pensaram* que nada podia salvá-los da dor agoniante, nada seria capaz de mudar a situação. Viam a porta, mas não a fuga que proporcionava.

Cito o experimento anterior para mostrar que, às vezes, até o aversivo e o desagradável acabam sendo aceitos como se fossem uma espécie de carma – e isso inclui o companheiro. Embora muitas coisas não sejam suportáveis, nós nos acomodamos a elas porque achamos com convicção que *não há nada a fazer*. Quando você pensa assim, esquece algo importante: nada é predestinado; você é o arquiteto de seu próprio destino, como tantas vezes foi dito. Cada dia, com aquilo que você faz, sente e pensa, vai construindo seu amanhã.

Algumas recomendações:

- Anthony de Mello dizia que nós, seres humanos, às vezes nos comportamos como se estivéssemos em uma piscina cheia de matéria fecal até o pescoço e, diante disso, nosso problema existencial básico é que ninguém cria algumas ondas. Isso significa que usamos mal nossos recursos cognitivos e comportamentais, visto que, em vez de pensar em sair da piscina – o que seria um gasto de energia conveniente –, focamos em continuar ali, evitando engolir você sabe o quê. Seria esforço demais sair e podermos nos livrar de toda essa porcaria grudada em nosso corpo? Acaso não se justifica? Pois para algumas pessoas, não: "Enquanto não chegar à boca, eu aguento". Suponho que, depois de um tempo, as pessoas ali imersas não sentirão mais o cheiro e seu corpo se habituará à temperatura do lugar. Se você for capaz de ver além da piscina, sairá dela. Você tem todas as capacidades e habilidades para isso. Talvez pense: *E se do lado de fora as coisas estiverem pior?* Mas se perguntasse isso, mesmo que seja uma única vez, eu lhe diria: "Fique dentro!".

- Não siga os conformistas quando dizem: "É o que se tem". Isso que se tem pode ser deixado de lado e podemos criar um novo ambiente motivacional e afetivo. Você poderia dizer a uma pessoa que não o satisfaz: "Se isso é o que você é, não me serve nem me basta". Depende de você construir seu entorno emocional e fazer o amor prosperar (se houver com quem) ou acabar (se não houver com quem). Você não é um carneirinho que se deixa levar aonde for; você constrói ou destrói sua vida, porque é a pessoa que escolhe ser. O estilo complacente e dócil leva a se render antes da hora (como os cachorrinhos do experimento, mesmo vendo a porta de sua casa aberta). Aja, não aceite o conformismo imposto pela desesperança aprendida; saia pela porta ou derrube-a. O conformismo e a lei do mínimo esforço costumam andar de mãos dadas, o que os torna altamente perigosos. Essa combinação funciona como se você sentisse muita sede e houvesse um copo d'água por perto, mas daria muito trabalho alcançá-lo; então, em um ato de irracionalidade, você decide não ter mais opção além morrer de sede. Ah, mas sem parar de reclamar e pedir água repetidamente.

> Você não poderá mandar tudo para o inferno quando necessário se acostumar-se ao ruim e doloroso de uma péssima relação. O hábito e a resistência à mudança decidirão por você. Serão o freio que o fará continuar aguentando o que não deveria, mesmo se o saco cheio/cansaço o impulsionar ou tentar acelerar uma ruptura lógica e desejável.

6. Esperança irracional

É bem provável que você esteja seguindo o adágio popular que afirma que "a esperança é a última que morre". Os dicionários definem a palavra *esperança* como "confiança de conseguir algo ou de que se realize algo que se deseja"; com base nessa definição, é evidente que usá-la muitas vezes ajuda a nos mantermos em pé ou lutarmos contra as adversidades. Mas nem sempre funciona assim... se a expectativa de sucesso for irreal e não tiver nenhuma base, podemos cair na armadilha do "tudo é possível", o que seria absurdo. Nem tudo é possível, mesmo que os fanáticos do otimismo e a propaganda induzam as pessoas a acreditarem que seus desejos se tornarão realidade porque, se comprarem certo carro ou usarem determinada roupa, o universo conspira a seu favor. É melhor uma filosofia realista e um otimismo moderado em todos os âmbitos em que nos movemos, especialmente no amor e suas diversas variações.

Quando uma relação é realmente ruim, ou seja, quando nossos valores, nossa dignidade ou nossos princípios são atingidos em nome de um amor duvidoso e altamente prejudicial, *a esperança é a primeira que deve morrer*. Senão, você ficará eternamente esperando a metamorfose da pessoa *amada*, essa mesma que faz de sua vida um inferno.

Vejamos um exemplo: alguém lhe diz um dia que o ama, e no dia seguinte desaparece. Então, depois de uma ou duas semanas, pede desculpas e fala de mil problemas que teve e torna a adoçar seus ouvidos; mas, no fim, diz de novo que está confuso. Ou seja, enquanto para você o amor chegou como um furacão e se instalou em alguma parte de seu corpo, para ele o amor vai e vem como um ioiô, o que provoca em você uma enorme incerteza. Se faz tempo que você está com uma pessoa que não sabe o que quer, e que também não sabe se o ama, que tira sua vontade de viver e lhe provoca ansiedade em grandes quantidades, explique-me: de que adianta ter esperança? Ela vai mantê-lo alerta, esperando hora após hora que a pessoa amada aterrisse em seu coração. A esperança inútil e irracional o impedirá de ver as coisas como são, porque sua mente estará concentrada e iludida no que poderia ser. Diante de um amor impossível ou martirizante, a melhor resposta é o cansaço radical e sem pretextos: entregue as armas, queime os navios. Acredite, é melhor a solidão inteligente que passar metade da vida jogando bem me quer, mal me quer.

Algumas recomendações:

- Realismo (pura terapia cognitiva): ver as coisas em sua verdadeira dimensão, mesmo que doam (você pode ler meu livro *Pensar bem, sentir-se bem*), ver o que é. Como dizia Buda: "Venha e olhe", não "Venha e especule". Os fatos estão aí; observe-os com a frieza de um cientista. Sei que não é fácil, mas, com treinamento, todo mundo consegue. Se você descobrisse (Deus queira que não) que o homem que ama é um assassino serial, o que faria? Continuaria com ele? Preferiria fazer como os três macacos sábios e tampar os olhos, os ouvidos e a boca? Criaria uma realidade paralela na qual ele fosse um santo? Ou se adaptaria a seus gostos?

- Aprender a desapegar (puro Epiteto): quando algo foge a seu controle (amor incluso) e você não pode fazer mais nada, aceite, solte, deixe ir: viva o luto da relação. Comece a se preparar antes que acabe. Não fique obstinado à espera de um milagre. Prefiro você triste, mas encarando a verdade, a estar em uma falsa felicidade construída sobre o autoengano.

> Você não poderá mandar tudo para o inferno quando necessário se não aceitar os fatos com realismo. A esperança irracional decidirá por você. Você criará ilusões sem fundamento. Será o freio que o fará continuar aguentando o que não deveria, mesmo se o saco cheio/cansaço o impulsionar ou tentar acelerar uma ruptura lógica e desejável.

7. Pressão social

Em uma sociedade como essa em que vivemos, na qual o amor é a maior realização pessoal, é compreensível que não sejamos capazes de nos deixar levar pelo cansaço construtivo. Muitas pessoas pensam que quanto mais suportarem o insuportável por amor, mais fortes serão seus sentimentos e, consequentemente, serão aplaudidas e admiradas, falarão bem delas. Ser tenaz e se manter firme, resistindo e engolindo sapos mesmo que seu parceiro seja um desastre, fará de você uma pessoa merecedora de uma medalha por valor.

Se em uma reunião social você disser que tem cinquenta anos de casado, todo mundo o cumprimentará por ter feito *bodas de ouro.* Diz o costume que quanto mais tempo mantemos uma relação a dois, maior é a dureza ou o valor do elemento com o qual a união é associada. Por exemplo, quando completamos sessenta anos de casados, são bodas de diamante, e aos setenta, de titânio. Curiosamente, dez anos de casados são só bodas de alumínio, como se fosse fácil. Não há uma categoria para os que jogam a toalha a tempo, quando descobrem que o laço afetivo, mais que enfeitar seu pescoço, está prestes a estrangulá-los. Não quero dizer que não exista gente que é feliz apesar dos anos; o que estou dizendo, assim como disse antes, é que a exaltação valorativa que se faz sobre quanto tempo duas pessoas estão juntas, sem saber como foi a relação, é absurda. Suponhamos que você passou anos com alguém obsessivo, controlador e ciumento, e suportou com força a relação pela razão que for e viveu infeliz. Por que eu haveria de cumprimentá-lo? Melhor seria eu perguntar: por que você não se cansou dessa pessoa e não se animou a organizar uma vida nova? Por que continuou com ela? Vocês representaram um papel por causa dos filhos, da sociedade, da família? Armar-se de paciência e suportar uma relação tóxica é realmente uma virtude?

· Em certos grupos sociais, esse culto à permanência da relação exerce muita pressão sobre as pessoas que desejam se separar, visto que avaliam a separação como um *fracasso afetivo*. Um paciente me dizia: "Não há nada a fazer, doutor, fracassei no amor. Tenho duas separações nas costas e agora meu namoro não vai muito bem". Eu respondi que, para encontrar a causa das separações, precisávamos estudar com detalhes como haviam sido suas relações passadas e como ele as administrara; mas lhe pedi que não usasse a palavra *fracasso* de maneira generalizada. Ele havia *fracassado* em duas relações, mas não no amor, porque todo mundo pode aprender a não repetir os erros. A conclusão, depois de um tempo, foi que devido a sua insegurança pessoal (coisa que foi trabalhada na terapia), o homem buscava mulheres independentes, fortes e seguras de si para compensar seu déficit. No início, ele desempenhava o papel de homem infalível e emancipado, mas depois, pouco a pouco, mostrava sua personalidade dependente e indecisa, e suas parceiras se decepcionavam, ou melhor, sentiam-se *enganadas emocionalmente*.

Oito razões pelas quais aguentamos uma relação...

Em comunidades muito conservadoras, ter uma ou duas separações nas costas transforma uma pessoa quase em *persona non grata*, como se ser casado fosse uma virtude em si mesma. Existe gente bem casada e bem separada, e gente mal casada e mal separada, e todas as possibilidades entre umas e outras. Concordo que o ideal é manter uma relação estável, mas não a qualquer preço.

Algumas recomendações:

- Não se sinta como o personagem do livro *A letra escarlate*, de Nathaniel Hawthorne (no cinema, o filme foi protagonizado por Demi Moore em 1995). A história se desenvolve na puritana Nova Inglaterra, no século XVII, e narra a sanção social imposta a uma mulher infiel que se recusa a dizer quem é o pai da criança que espera. O castigo consiste em obrigá-la a levar a letra A ao pescoço para que todos soubessem que ela era adúltera. Recomendo ver o filme. Naquele ambiente de caça moral, pecado e culpa, a mulher tentava sobreviver, não sem problemas. É impossível vê-la e não recordar a segregação dos judeus na Alemanha nazista, com a estrela amarela e a palavra *jude* escrita no centro. Às vezes, eu gostaria de sugerir a alguns pacientes (mais mulheres que homens) que pendurem uma placa dizendo: "Sou separado, e daí?". E que tivessem outra suplementar que utilizariam a depender da situação: "E que diabos você tem com isso?".

- Apague a letra escarlate mental. Não se sinta alguém marcado por não ter suportado sua relação. Enquanto a honestidade for sua carta de apresentação e você tente melhorar como pessoa, por que tem que se envergonhar? Indivíduos que se sentem com autoridade moral tentarão convencê-lo de que a questão é grave, que você não é *estável* e tem um problema, visto que não segue os cânones *corretos*. Confie mais em si mesmo e não se deixe atormentar pelo que os outros dizem.
- Em suas próximas relações afetivas, vá mais devagar. Não copie as metas nem os estilos dos outros, deixe-se levar pela criatividade. O amor é uma construção social, mas, acima de tudo, pessoal. Você e seu parceiro podem impor as regras que quiserem e inventar a maneira de se amar (não há dois vínculos afetivos iguais). Que você não machuque nem seja machucado, que possam crescer juntos, que a ternura os envolva, que o sexo lhes faça ver estrelas. Crie o amor que quiser ter, e se alguém meter o nariz, mande-o para outro lugar. Você define o território, as normas e os valores sobre como deseja viver o amor.

> Você não poderá mandar tudo para o inferno quando necessário se se deixar levar pela pressão social. O *que dirão* decidirá por você. Será o freio que o fará continuar aguentando o que não deveria, mesmo se o saco cheio/cansaço o impulsionar ou tentar acelerar uma ruptura lógica e desejável.

8. Perseverança supervalorizada: a felicidade de morrer tentando

É verdade, sempre podemos suportar um pouco mais. O problema é que quando chegamos ao limite do sofrimento e começamos a transitar por ele, percebemos que o custo de ficar ali pode ser nossa destruição psicológica. Há muitos esquemas cuidadosamente instalados pela sociedade para que você não renuncie quando deveria renunciar, mas existe um em especial que reverenciamos até não poder mais: *o valor da perseverança*. E digo "valor" porque assim é apresentado na maioria dos textos que falam sobre o tema das virtudes. Não importa que a insistência se torne irracional, como ocorre na maioria dos casos de amores impossíveis ou tóxicos; a perseverança nos torna *virtuosos*.

Há toda uma bagagem de palavras, frases, preceitos, máximas, ideias e conceitos que apoiam a crença de que a perseverança é uma forma de excelência, além de qualquer dúvida. Entre no Google e pesquise sobre perseverança. Ninguém alerta sobre seus possíveis riscos, como se fosse uma panaceia. Em minha opinião, é um erro ignorar ou desconhecer que a maioria das chamadas virtudes pode passar dos limites e se tornar, paradoxalmente, defeitos, ou, inclusive, patologias. Vejamos alguns exemplos dessas distorções: a humildade pode se transformar em negação de si mesmo ou em falsa modéstia; a tolerância, em submissão; a prudência, em indecisão; a coragem, em temeridade; a boa--fé, em ausência de malícia; e a perseverança mal administrada, em obstinação, fanatismo, intransigência ou obsessão. Você pode perseverar a serviço de fins maléficos ou nobres, inteligentes ou estúpidos, construtivos ou destrutivos, para seu bem ou para sua ruína. Um ditador ou um trapaceiro é perseverante, e um artista ou um mestre espiritual também.

Perseverar eternamente em uma relação ruim, esperando o milagre de uma transformação que não ocorre, é obstinação. Uma paciente minha estava havia dez anos com um homem que mal a olhava, apesar dos esforços dela. Quando eu lhe disse que seus esforços me pareciam infrutíferos porque seu marido continuava o mesmo (tantos anos de tentativas frustradas me davam razão), ela bateu na mesa com os punhos fechados e disse: "Eu nunca me darei por vencida!". Não a vi mais. A premissa é a seguinte: quando não vemos o impossível e a inadequação de uma persistência disfuncional, batemos de frente com o possível e o que não se deve fazer.

Algumas recomendações:

- Napoleão Bonaparte (militar e governante) dizia: "*Impossível* é uma palavra encontrada somente no dicionário dos tolos".

  Não concordo com Napoleão, talvez porque nunca fui um conquistador; mas sob meu ponto de vista e segundo o que já vi em minha atividade como psicólogo clínico, devo dizer que, se eliminar a palavra *impossível* de sua mente, você se transformará em uma bomba-relógio. Cedo ou tarde colidirá com o quimérico, a realidade o arrasará, e quanto mais perseverar no ilusório, pior. Nem tudo é possível, ao contrário do que sugere Bonaparte. Por isso, é necessária a habilidade de discernir quando tentar alcançar uma meta e quando não, conforme as consequências que preveja. Suponhamos que você viva em uma cidade onde habita um cantor famoso pelo qual sente uma forte atração, que adora, e seu sonho é que ele repare em você e possam manter um relacionamento. Você é alguns anos mais velha, e, segundo as entrevistas que ouviu e viu, nas quais ele expressa sua predileção por mulheres jovens, você tem certeza de que não é o tipo dele. O problema não seria *tentar* seduzi-lo, e sim perseverar na tentativa frustrada sabendo que tem uma probabilidade infinitesimal de que seu sonho se torne realidade. Lembre-se de que você não é o tipo de mulher de que ele gosta, que haverá guarda-costas por todo lado e fãs de todas as aparências e nacionalidades que são o tipo dele. Se levar em conta esses fatores, mesmo que fracasse, o golpe será menos duro. Uma mulher realista diria: "Eu tentei, mas percebi que ele não está interessado em mim. E adeus, nada de insistir de novo; a realidade me ensinou que é tempo perdido". Às vezes, o improvável é tão improvável que é quase idêntico ao impossível.

Se você é um sonhador empedernido que repetidamente se envolve em batalhas perdidas e persevera onde não deve – como, por exemplo, em recuperar um ex que evidentemente não o ama (ele já lhe disse isso em todos os idiomas), ou em resgatar a relação ou aguentar durante anos um casamento insuportável –, guarde a perseverança no bolso e deixe que o saco cheio o tire dessa confusão.

- Winston Churchill (político e estadista britânico) afirmava: "Coragem é ir de fracasso em fracasso sem perder o entusiasmo".

Lamento, senhor Churchill, mas isso não é coragem, e sim teimosia. Manter o entusiasmo indo de fracasso em fracasso atenta contra a própria sobrevivência. Se a coisa vai mal, é porque algo não funciona ou é nocivo, simples assim. O entusiasmo (mesmo reconhecendo sua importância para a vida) não basta para resolver as coisas. É necessário também o conhecimento a serviço de diversas estratégias de enfrentamento. As pessoas que cometem muitos erros e os repetem precisam saber por que isso acontece e devem resolver a questão, mais além do entusiasmo e da vontade. O valor está em reconhecer os déficits e modificá-los, não em prosseguir com brio e de antolhos.

Errar repetidamente com uma pessoa que não é para você – e nem você para ela – e repetir o roteiro com outra parecida não é coragem, é tolice. Em um caso assim, para que perseverança ou entusiasmo, se não funcionam, apesar das tentativas? Não seria melhor desistir, retirar-se, abandonar e ir lutar em outro lugar pela felicidade que lhe foi arrebatada?

- Poderíamos dizer que, em uma porcentagem considerável de casos, perseverar e insistir em diferentes ordens da vida é importante para ser bem-sucedido. Mas se trata de uma *porcentagem*, e não de uma lei geral. Talvez Woody Allen esteja certo quando diz: "Noventa por cento dos sucessos se baseiam somente em insistir". Não sei a quantidade exata, mas é claro que sempre haverá exceções à regra. E o amor disfuncional está nessa lista.
- "Persevera e triunfarás", conhecido ditado atribuído a Sêneca, só é válido no amor, como eu já disse, se sua autoestima, sua autorrealização, seu bem-estar e seus princípios estiverem protegidos. Em resumo: a perseverança é um valor quando visa a seu crescimento pessoal, mas deixa de ser uma virtude se sua qualidade de vida for afetada negativamente.

Você não poderá mandar tudo para o inferno quando necessário se decidir perseverar obstinadamente em uma relação ruim e nunca se der por vencido. A obstinação decidirá por você. Será o freio que o fará continuar aguentando o que não deveria, mesmo se o saco cheio/cansaço o impulsionar ou tentar acelerar uma ruptura lógica e desejável.

PARTE II

Cansamos de quê? Sete vias-crúcis

O cansaço me traz pensamentos desesperançados.
JUAN CARLOS ONETTI

Há momentos em que tudo cansa, até o que nos descansaria.
FERNANDO PESSOA

Em cada tópico, você encontrará uma análise do que implicam essas situações difíceis, além de sugestões e reflexões e uma *carta de despedida* que lhe pode servir de modelo para elaborar a sua.

Em geral, nós nos cansamos quando o amor se transforma em nutriente para a dor. Entre outras muitas razões, você sofre quando:

- A ternura de quem supostamente o ama é pouca ou nula.
- Pressionam e obrigam você a fazer coisas que vão contra sua maneira de ver e sentir o mundo (seus princípios e valores).
- Limitam-no e desconfiam de cada coisa que você faz ou pensa.
- Aproveitam-se de você e o exploram.
- Consideram-no uma coisa ou um objeto; portanto, sua dor não lhes dói nem sua alegria os alegra.

- Tem que viver à sombra de sua cara-metade porque acha – ou lhe fizeram uma lavagem cerebral – que ela é superior a você no essencial.
- A pessoa amada é casada e lhe promete repetidamente que vai se separar.
- A rotina na relação a dois o arrasta para uma existência insípida e insubstancial e não há forma de acabar com isso.
- Humilham-no e o maltratam.
- Você se entrega tanto ao outro que desaparece como pessoa.
- Você se anula para fazer seu parceiro feliz.

A lista continua, e cada pessoa define suas desilusões e motivos para continuar ou não em uma relação. Mas como eu já disse, o cansaço, por mais construtivo que seja, nem sempre prospera. Você acha que não aguenta mais e que dará o passo rumo à separação, mas, de repente, o medo vence o *round* contra o cansaço. Sua insatisfação não passa de uma queixa que se repete, como no filme *Feitiço do tempo*. Como um círculo vicioso, você continua idiotizado por um amor que o leva direto ao matadouro moral e psicológico.

Quando surgir o espírito de rebeldia, você dirá: "Me cansei de verdade!", mas com todo seu ser, sem dúvidas, com a certeza de quem já não tem esperança. Acabou, sua biologia decidiu. Com a velocidade de um raio, sua mente tomará consciência do tempo perdido, do sofrimento inútil, da dependência vil, do pouco em comum que você tem com seu parceiro, e também, e isso é importante, descobrirá que talvez não esteja apaixonado pela pessoa que está a sua frente, e sim pelo que ela foi antes, antes que tudo mudasse para pior. A relação, que estava por um fio, então voa pelos ares.

Embora os *cansaços* possam ser muitos, e de todo tipo, insistirei nos casos que já vi com mais frequência em meu consultório. Mas vale a pena esclarecer que muito do que você lerá a seguir lhe servirá para outras situações negativas: o mau amor tem muitas coisas em comum.

Os temas serão:

- Cansei de sua indiferença.
- Cansei de esperar que você se separe.
- Cansei de seu perfeccionismo e de sua rigidez mental.
- Cansei de me responsabilizar por seus problemas e você não fazer sua parte.
- Cansei de você me tratar mal.
- Cansei da sua desconfiança e vigilância sobre mim.
- Cansei de seu narcisismo e de que se ache o centro do universo.

Cansei de sua indiferença

O que se opõe ao amor não é o ódio, porque o ódio atrai, amarra pelo negativo e não nos deixa ir; o oposto ao amor é a indiferença. E não me refiro só ao fato de a pessoa amada ser fria e pouco carinhosa, mas também à indolência geral dela em relação ao que você é e a suas coisas (inapetência, abulia, preguiça e despreocupação), como se você não existisse. Se você ama de verdade, o desinteresse do outro se transforma em uma adaga que fere a alma. Assim sendo, como você poderia se resignar e aceitar que seu parceiro não sofra com sua dor nem se alegre com sua alegria? Eu me pergunto: para que continuar, então? Você sente falta de que alguém se sinta atraído por você, ou pelo menos que lhe diga que se sente. Escutar "Adoro você!" de alguém que lhe interessa parece música, não é? É normal, todos nós gostamos de agradar a quem amamos. No entanto, apesar da carência afetiva, você não quer nem lhe interessa ser infiel... mas nunca se sabe. Não é a mediocridade das relações sexuais que o angustia, e sim a *castração da ternura*. É como se, para ele, fazer sexo com você fosse satisfazer uma necessidade fisiológica; e, ao contrário, para você é mais, muito mais. Mas você se adaptou ao estilo dele, a seu déficit. Repetidamente se acomodou a seu estilo distante, a sua frieza, até chegar ao equilíbrio negativo no qual está agora: aparentemente juntos, mas emocionalmente distantes.

Um amor sem empatia é uma grande mentira. Que cansativo perseguir seu parceiro para que lhe dê algumas migalhas de atenção! Ninguém o obriga a viver esse pesadelo. Pergunte-se se você realmente continua amando essa pessoa, questione-se, ponha em dúvida; é muito fácil que a dependência/apego ou a necessidade do outro se confunda com o sentimento amoroso. O descuido e a despreocupação de seu parceiro em relação a você é violência; deixa-o arrasado. Não deixa sinais visíveis, mas acaba com você.

Eu lhe faço uma proposta: e se não se adaptar mais à indiferença dele? Foi um erro renunciar pouco a pouco a sua necessidade de dar e receber afeto, aceite isso. Você não é assim. Por isso, mesmo que tenha que fazer das tripas coração, compre a briga e ponha os pingos nos is. Uma mulher me disse uma vez: "Para não o perder, eu não tive opção senão me parecer com ele". Por que não tira a máscara? Olhe-se sem distorções. Encontre-se ali, nessa percepção limpa e honesta, com seus verdadeiros desejos. Repito: quer sair do buraco negro afetivo em que entrou? Se sua resposta for afirmativa, há um jeito: seja como gostaria de ser, descaradamente, com toda sua maravilhosa capacidade de expressar afeto livremente.

Deixe-se levar por suas emoções e prepare-se para a rejeição e as possíveis manifestações de desagrado dele ao ver que você está invadindo seu espaço afetivo. Entre no território dele mesmo que gere desconforto, pegue sua mão, acaricie seu rosto, aproxime seus lábios dos dele, enfim, não se adapte mais à personalidade encapsulada dele. Com a sinceridade mais dura e honesta, diga: "Eu sou assim e esta é a relação que quero". Talvez você pense que estará correndo o risco de não ser aceito, e é verdade; porém, você deve se expor ao risco de que ele recuse ou se isole ainda mais. Por acaso não é melhor perder qualquer esperança se não houver intercâmbio amoroso? Assim, você porá à prova a relação, em um último teste.

Se ele aceitar seu estilo afetivo aberto e carinhoso, terá que trabalhar em uma mudança pessoal drástica e/ou pedir ajuda profissional. Mas devo dizer que não estou tão convencido de que essa ajuda sirva para alguma coisa, nem que ele aceite procurá-la. Em casos assim (em psicologia, isso se denomina *traços* ou *personalidade esquizoide*), minha experiência clínica me faz ser cético. Pelo contrário, se ele disser "não", que esse não é *seu jeito* de ser e que não pretende mudar, não haverá mais dúvidas para você. Só lhe resta o adeus, uma retirada digna e discreta. Acima de tudo, sem culpa e sendo fiel ao que você é. Você não vai envelhecer ao lado dele, pois não merece isso: "Tchau. Se já o vi, não me lembro". Não tenha medo, todas as pessoas são capazes de elaborar o luto. Será como quando se abre a gaiola de um canário. Sem pensar, ele se lança ao vazio depois de meses ou anos de clausura. Mas o pássaro nunca esquece como se voa, é sua natureza. Enfim, há apenas duas opções: seu parceiro deixa a indiferença de lado e dá início a uma mutação, ou a relação acaba; nada de meio-termo. Você já esteve nesse limbo, e a proposta emocional dele é inaceitável, não serve para sua vida. Ou a pessoa o ama direito ou é melhor ficar sozinho, sem mendigar. Pense: por acaso essa solidão afetiva que você vive com seu parceiro não é pior?

Não olhe para trás nem sinta saudade daquilo que só aconteceu em suas fantasias. Uma mulher me disse o seguinte, a respeito da tentativa de salvar sua relação com um eremita afetivo: "Quase conseguimos". Mas *quase* não é, não existe. Eu respondi: "Ainda bem, porque teriam caído na mesma". Foque no agora. Observe-se e verá que, apesar de tudo, suas emoções continuam aí, sua essência não o abandona. O simples fato de estar longe da displicência do outro fará você sentir um poder curador.

Aproxime-se das pessoas que o amam de forma saudável e que demonstram isso. Recupere-as, caso as tenha deixado pelo caminho porque seu parceiro o ocupava inteiro. Depois, você poderá avisar ao mundo que chegou a hora de alguém que valha a pena entrar em sua vida. Agora, você é como uma planta com falta de água; a única coisa de que precisa é ser regado com uma chuva de abraços, beijos e ternura. Mas não tenha medo, a parte mais básica que o define nunca murcha; sempre haverá um espaço por onde o amor entre, encharque-o e germine.

Algumas sugestões e reflexões para que a exclusão emocional não o destrua

- Uma mulher de meia-idade me disse em sua primeira consulta: "Vim aqui porque não quero mais me sentir transparente. Para meu marido, é como se eu não existisse. Esses dias, houve um momento em que me senti como um fantasma; eu lhe contei um problema que tinha com meus pais e ele se dirigiu a mim com um olhar sem brilho, apagado, desatento... Não me vê nem me sente. Estou assim há dez anos. Pensei que meu amor o faria mudar, mas cansei". Homens assim, castradores da ternura, deveriam carregar um cartaz dizendo: "Homem indiferente, frio e distante no amor procura mulher compreensiva, dócil e que se apaixone fácil". Mas tenho certeza de que, paradoxalmente, ele não passaria a vida carregando o cartaz, visto que não faltaria quem pensasse que o amor cura tudo e decidisse arrastar esse lastro. Talvez você se pergunte se minha paciente foi estúpida ou corajosa. Para responder, apelo à sabedoria de Lao Tsé: "Ser profundamente amado lhe dá forças, ao passo que amar profundamente alguém lhe dá coragem". É o paradoxo do amor: a pessoa apaixonada possui a virtude da coragem (mesmo que esteja com a pessoa errada), mas, se não for correspondida, sofrerá a fragilidade que implica o desamparo e a exclusão emocional.

- Se você está com uma pessoa indiferente, precisa entender que o pior mal é que ela não o considerará um sujeito válido na relação. Ela não estará nem aí para o que tenha que lhe dizer. Escutar de maneira sustentada e interessada é uma forma de reconhecer a humanidade do outro. Quando a pessoa que amamos nos ignora dói e muito. Não perca tempo se alguém o *matar com indiferença*; saia de campo. Como amar e continuar com alguém que não se importa com você? Não há como, e se você fizer isso sentirá que trai a si mesmo. Quando deixa de ser fiel a si próprio, você não é mais você. Lembre-se de que a indiferença é o *antiamor*. Insisto: você simplesmente não existe para o outro. Premissa: *quando não dá para ver ou sentir o amor, ele não serve, faz mal.*

- É impossível não se sentir um *fantasma emocional* quando você passa despercebido para seu parceiro. Pergunto: para que você quer alguém assim? A premissa que vale diante da indiferença, da inapetência e da despreocupação do outro é contundente: *quem o ignora não o merece*. Aplique-a, e sua sensação será como entrar em um mundo novo, como um peixe quando pula do aquário ao mar.
- Deixo aqui três estrofes do poema "Informe sobre carícias", de Mario Benedetti. Não as leia para seu companheiro, melhor guardá-las consigo. E saiba que um amor sem carícias é como uma árvore sem seiva; cedo ou tarde, seca e morre.

A carícia é uma linguagem
se suas carícias me falam
não gostaria que se calem

*A carícia não é a cópia
de outra carícia distante
é uma nova versão
quase sempre melhorada* [...]

*É claro que o melhor
não é a carícia em si mesma
e sim sua continuação*

Uma carta de despedida

Deixo aqui um protótipo de carta de despedida para dizer adeus a quem é ou foi seu parceiro. Vai ajudá-lo a processar a *perda* (na realidade, você deveria ver a ruptura mais como um *ganho*) e eliminar de sua vida a tortura da indiferença afetiva. Tente escrever a sua com a maior sinceridade possível, sem desculpas e sem anestesia.

Querido(a):
Cansei de sua frieza, de ter que me aproximar de você com cuidado para não o *incomodar*. Cansei de respeitar seu território impenetrável e sua personalidade robótica. Eu sempre quis menos lógica e mais espontaneidade, mais paixão; quero ser como sou, com toda a força de minha afetividade. Cansei de

Cansei de sua indiferença

me adaptar a você e me arrependo de ter me tornado igual a você, um *identikit*, uma cópia grosseira de seu abandono emocional. Cansei de fingir. Nesta solidão acompanhada, aceitei, por covardia, que você usurpasse minha essência. Você não estava nem aí para o fato de eu quase chegar à depressão; ou pior, nem percebeu. Fui como um fantasma, uma coisa sem corpo e sem alma, ou seja, eu não existi para você. Cansei de tudo que você representa, de sua falta de emoções e de sua pouca fantasia. Acima de tudo, de sua grande dificuldade de tecer ilusões. Cansei de fazer o papel de companheiro feliz e compatível, sem filhos, porque queríamos *independência* e autorrealização. Cansei de mentir, cansei de mentir para mim mesmo, e por isso vou embora. Quero ser fiel a mim. E não estou nem aí (agora é minha vez) para o que você faça ou deixe de fazer.

* Nota importante. Se não quer mandar a carta ou não é capaz de entregá-la em mãos, pelo menos escreva-a para você. Não importa quantas folhas preencha. Isso o obrigará a ver o que foi sua relação e o papel que representou nela. A vantagem da linguagem escrita é poder voltar ao conteúdo repetidamente. É como se você observasse seu autorretrato ou desenhasse sua própria história emocional.

Cansei de esperar que você se separe

Por que você acredita nessa pessoa? Quantas vezes tem que ficar mal para entender que ela não deixará o marido ou a esposa e os filhos para ficar com você? É isso aí, mesmo que doa: você ocupa um segundo lugar na vida afetiva dela. Uma parte sua sabe disso muito bem, mas uma outra resiste e não quer aceitar ter perdido tanto tempo esperando um amor compartilhado em liberdade, sem ter que se esconder. Você não pode estar com a pessoa que ama nos momentos mais importantes porque ela está *ocupada*: um aniversário, férias, festas de fim de ano e muitos outros momentos. É que você não é a *família* dela.

O problema de fazer parte de um triângulo amoroso é que a vida fica incompleta. Depois de estar com seu amante, mesmo sentindo amor, sobrevém a ausência, o vazio que fica até a próxima vez. A emoção inicial de se encontrarem às escondidas, em lugares estranhos e às vezes até sórdidos, foi se perdendo, porque o amor exige mais, puxa você. Você quer compartilhar o cotidiano com a pessoa amada: andar pela rua de mãos dadas, ir a um cinema, a um restaurante, enfim, amar em público, sem segredos.

Seus amigos que sabem da história dizem para você terminar, para acabar com essa tortura. Todos veem, menos você. Quantas vezes você acreditou que ele estava prestes a se separar, mas não se separou, por diversas razões? A cada frustração, a cada ilusão que se desfaz, um pedaço de você mergulha na amargura e na impotência de não saber o que fazer.

As pessoas que estão nessa situação se encontram entre duas opções, ambas contraproducentes para sua saúde mental.

A primeira é não pressionar, esperar, estar sempre ali para o que o outro solicitar. A premissa é: "Se me limito a aceitar suas condições, ele perceberá que não pode viver sem mim e correrá para meus braços". O problema é que a espera vai tirando sua energia, aumenta sua ansiedade e faz você sentir que sua vida não é como a dos outros. Além do mais, nada garante que a premissa se cumpra; muito provavelmente, ele não vai correr para seus braços. Essa estratégia fará que se passem meses e anos sem que ele decida, porque viverá tranquilo em seus dois mundos: o relacionamento estável e reconhecido pela sociedade, e o amante, para compensar o que não tem em casa. Quase sempre, na pessoa que deve se separar, o comodismo e a culpa competem com o *amor*, e um dos dois primeiros costuma ganhar.

A segunda opção consiste em dar argumentos positivos sobre si mesmo: as vantagens e a maravilhosa pessoa que ele perderia se continuasse com seu parceiro; ou em insistir que ao se separar ele terá uma vida melhor. Suponhamos que seu amante seja um homem casado, com dois ou três filhos pequenos que ama, e uma esposa pela qual sente algum afeto, mesmo que não seja amor com letra maiúscula. Ele está confortável, com tudo organizado, e sabe que romper a relação implicaria uma confusão gigantesca; acha que ele não está ao seu lado por falta de argumentos a seu favor, ou porque está preso em sua zona de conforto? O que provavelmente o detém é o custo emocional e econômico de romper com sua família para ficar com você, e, claro, o fato de que talvez não o ame tanto, porque os apaixonados de verdade não precisam ser empurrados, e sim detidos para que não cometam loucuras.

Vamos resumir as duas estratégias:

1. Aceitar docilmente o jogo que seu amante proponha e deixar que o tempo passe, à espera de que os filhos cresçam, que ele fique viúvo ou

que o companheiro de seu amor furtivo se apaixone por outra pessoa e se separe. Coisas imponderáveis que fogem a seu controle.
2. Vender-se como uma mercadoria, mostrando as coisas boas que possui como pessoa, deixar claro que você vale a pena e que é um partido melhor que o parceiro atual de seu amante. Sem dúvida, seu autorrespeito será afetado.

Mas não desanime, há uma terceira possibilidade que talvez não lhe agrade, mas que salvará sua autoestima e seu eu maltratado: o *ultimato com aviso de vencimento*. Imponha um tempo de espera para a decisão de ficarem juntos; não anos, e sim semanas. Por exemplo: "Eu lhe dou três semanas para decidir; se não se separar até então, siga seu caminho que eu seguirei o meu. Sairei desta prisão, conhecerei gente e abrirei as portas de meu coração e de minha mente. Não deixarei mais de fora alguém que me interesse". Acha que não é capaz? Claro que é. Por acaso você não está cansado? Que coisa mais irritante viver pela metade, carregando um amor faminto e incompleto! Mas é preciso matizar tudo que eu disse: se, depois de dar o ultimato, ele lhe dissesse que sim, que em três semanas abandonaria a família porque tem medo de lhe perder, não lhe restaria, de qualquer maneira, um sabor agridoce na boca? Um sabor de derrota? Você teve que levar a situação ao extremo e *ameaçá-lo* para que ele reagisse. Ele não ficará com você por amor, e sim por medo de que se afaste dele; não foi uma convicção emocional e bem pensada. É provável que, depois de um tempo com você, surja uma cascata de dúvidas, uma tentativa de voltar, a culpa por ter abandonado os filhos, e mil coisas mais. Essa terceira opção mostra que se ele ainda não decidiu, é melhor se afastar e começar uma vida na qual ter um relacionamento não seja proibido nem uma tortura. Não é melhor ter um amor livre que possa se entregar a você sem complicações e em paz? Se você se considera uma pessoa possível de ser amada, que motiva o amor, se lhe resta um pouco de amor-próprio, não aceite ficar em segundo plano. Pense em tudo que passou tentando tampar o buraco da solidão que a ausência dele lhe provocava. E mais uma coisa que às vezes você esquece: você decidiu ser fiel a seu amante, que tem outra pessoa, e com a qual, muito possivelmente, faz sexo, mesmo que diga o contrário. Que autoridade moral tem essa pessoa, que vive com outra, para exigir a seu amante (ou seja, você) que não saia com mais ninguém? Nenhuma ou muito pouca, não é?

Minha experiência como psicólogo me ensinou que pessoas que têm amantes justificam a vida pelos encontros furtivos que mantêm. Uma paciente me dizia: "Eu o vejo às quartas e sábados de manhã, e às vezes almoçamos em minha casa. Esses dois dias dão sentido a minha vida durante essa semana. Os outros não têm cor, são insignificantes, e cada vez que me despeço dele, fico muito triste e sozinha, muito sozinha".

Além do *amor*, o que provavelmente o mantém persistindo na espera, como já vimos, é a *esperança irracional*. Por isso você persiste na ilusão de que seu amante seja só seu, não *compartilhado*. Mas qual é o limite? Repito: quantas vezes você alimentou esperanças, quantas vezes deu por certo que ele ficaria definitivamente ao seu lado?

Minha conclusão é a seguinte: *quando alguém é comprometido e encontra o amor verdadeiro em outro lugar, torna-se uma fera: briga contra a pressão social, a culpa, a perda econômica, a família, suas crenças religiosas ou o que for. Sei que parece triste, mas se seu amante o amasse de verdade (ou se o amasse o suficiente), já estaria ao seu lado.*

É possível amar duas pessoas ao mesmo tempo? Sim, é possível. Não duas paixões, porque o cérebro não suportaria tanta intensidade, mas já vi muitas vezes essa história de estar entre dois amores. Se você for um dos polos dessa suposta escolha, pense, por dignidade: não é melhor ser amado de forma limpa, sem desculpas, do que pela metade? Amor disponível, pronto e sem hesitar.

Mais um elemento para você analisar. Em uma ocasião, atendi a um homem que tinha uma amante havia três anos. Na primeira sessão, ele disse: "Minha amante quer que eu me separe, mas, na realidade, ela salvou meu casamento. Mas eu não posso lhe dizer que com ela nivelo o que não funciona com minha esposa. Com minha amante eu tenho o que me falta, e, por isso, a relação com minha mulher é mais fácil de levar". Paradoxal e terrível, não é? Pense bem. É como estar preso em um jogo perverso: quanto melhor ele esteja com sua amante, mais difícil será que seu casamento termine.

Se você tomasse consciência real de tudo que leu nesse tópico, terminaria. Você se deixaria levar pelo cansaço que lhe indica a saída: *melhor uma solidão sozinha e digna, que acompanhada e indigna.*

Algumas sugestões e reflexões para que nem seu amante nem qualquer outro amor impossível possa destruí-lo

- Quando a relação secreta que mantém com alguém se torna primordial, você já deu um passo em falso: vai querer que essa pessoa fique ao seu lado para sempre. O problema surge quando a outra pessoa estende e adia sua resolução. Convença-se de que você não está ali para perder tempo nem para que lhe *adocem os ouvidos enquanto amargam sua existência*. A pessoa o ama ou não o ama, com tudo que isso implica. Não há zona cinzenta. Se alguém lhe dissesse: "Eu o amo mais ou menos, às vezes sim, e às vezes não tenho certeza", você continuaria investindo tempo e esforço nessa relação?

- Um afeto temeroso, inseguro e hesitante é doente, não é terra firme para construir um vínculo sólido e confiável. Por que diabos você deveria se conformar com as migalhas de um amor incompleto e complicado? Se alguém não demonstra coragem suficiente para ficar com você, melhor a solidão: *melhor a solidão que um amor covarde, mesquinho e inseguro.*

- Não se apegue a um amor impossível. Abra seu leque de opções, mostre seus atrativos ao mundo, mostre que você é livre e que nenhum compromisso o amarra. Não se apegue mais a promessas não cumpridas. Tenha coragem de ser você mesmo sem o peso de seu amante. As pessoas presas em uma relação furtiva e insuficiente que esperam algo mais e não conseguem passam por uma metamorfose: seus olhos se apagam, sua pele racha, envelhecem, uma expressão de angústia e resignação começa a ficar gravada em seu rosto. Mas quando se livram desse amor inconcluso, nota-se a mudança de imediato. Percebe-se a nova transformação em cada pulsação, em cada olhar, em cada comportamento. O organismo se revitaliza e a mente deixa espaço para novos sonhos e esperanças, antes impensáveis.

- Que sua relação de amante não se transforme em um desafio. Uma paciente me disse: "É questão de orgulho: tenho que conseguir fazê-lo ficar comigo e deixar a bruxa de sua mulher". Eu respondi: "Mas se é questão de orgulho, por que você aceita que ele a deixe de lado depois de cada encontro?". Ela não soube o que responder. Seu amor-próprio se despedaçava quando o homem olhava o relógio, vestia-se e literalmente desaparecia até a próxima vez.
- Faça uso de sua liberdade, continuando ou não com o amante. Não abandone seus hobbies, atividades, amizades ou estudos, e se deixou de lado algumas dessas coisas, retome-as com urgência, porque o deixarão mais imune à dependência. Regozije-se no autorreforço; você merece tudo aquilo que faz bem a sua vida. Você não precisa de ninguém para ir aos lugares de que gosta.

Invente seus espaços, ande no seu ritmo, e se seu amante reclamar que você não se acomoda ao ritmo dele, ele que fique pelo caminho com a companhia que já tem. Se essa pessoa o amasse sem hesitação, estaria ao seu lado, movendo-se ao compasso de um sentimento compartilhado e aberto para os outros.

- Tome uma tripla decisão e fale para si mesmo, em voz baixa, como um mantra, como uma meditação orientada para resgatar seu eu: "Não mais deixarei que me usem, que mintam para mim nem que me explorem". Ou seja, não faz sentido continuar com essa pessoa. Pense: será que *seu futuro ex-amante* fez ou faz com você alguma dessas três coisas?
- Por fim, deixo aqui os primeiros versos de um poema de Jaime Sabines, "Só em sonhos", que reflete o sofrimento em cada adeus com um eterno amante. Leia-os devagar e deixe-se levar pelas imagens que os versos despertem em você, e pelo tempo perdido.

*Só em sonhos,
só no outro mundo dos sonhos eu te consigo,
a certas horas, quando fecho as portas
atrás de mim.*

Triste? Sim, mas real. É o que é, não o que você gostaria que fosse.

Uma carta de despedida

Deixo aqui um protótipo de carta de despedida para dizer adeus a seu amante. Ou o amor que lhe dão é completo e sem covardia, ou nada. Ou a pessoa o ama ou não. Tente escrever a sua com a maior sinceridade possível, mesmo que seja dura ou direta demais para ambos.

Querido(a):
Cansei de ocupar um desonroso segundo lugar em sua vida amorosa. Como sei que sua família é mais importante que eu, fique com ela. Não vou morrer por não ter você uns poucos momentos por semana. Você foi importante, mas o custo foi demais. Você se tornou uma obsessão, e toda minha energia se concentrou em um objetivo: ter você em minha vida como fosse possível. Por esperá-lo,

esqueci de mim. Cansei de suas mentiras, de sua covardia e de sua vida dupla. Cansei de suas justificativas e evasivas. Cansei de imaginá-lo com seu parceiro, em sua casa, enquanto eu me contorcia de inveja e angústia. Enfim, acima de tudo cansei de querer tê-lo em minha vida e carregá-lo como um carma. Você será uma lembrança, mas não tão grata. Agora, tentarei recuperar o tempo perdido. Espero não o ver mais. Só para você saber, troquei a fechadura e pedi ao porteiro para não o deixar entrar. Você não está mais em meu Facebook e apaguei seu número de meu celular. Hoje, estou nascendo de novo. Estou feliz por ser livre de novo.

* Nota importante. Não entregue a carta pessoalmente nem a mande para a casa da pessoa para que seu companheiro a veja (a vingança não serve aqui, como quase nunca). Mande-a para o trabalho dela. E diga a seus amigos que sabem de sua história que nunca mais digam o nome dela. É possível que em algum momento não muito distante outra pessoa seja vítima da insatisfação afetiva desse ex-amante, porque ele continuará procurando fora o que não tem em casa.

Cansei de seu perfeccionismo e de sua rigidez mental

Um sujeito perfeccionista antes de fazer amor: "Fechou bem as janelas? Trancou as portas? Tem certeza de que as crianças estão dormindo? Tomou banho? Escovou os dentes? O pijama amarelo não fica melhor em você? Preciso ir ao banheiro, tudo bem se eu apagar a luz? Está tomando o anticoncepcional, não é? Nossa, que tarde! E se deixarmos para semana que vem?". É um culto ao controle; tudo deve ser feito de uma maneira especial, senão é uma catástrofe. Se seu parceiro é perfeccionista, nunca estará satisfeito, porque sempre haverá algo que você poderia ter feito melhor; não importa quão eficiente seja, sempre faltará alguma coisa.

Pode ser um fiapo, uma ruguinha ou um cobertor mal dobrado, qualquer desculpa é boa para fazer o outro recordar que está longe do nível de eficiência esperado. O companheiro de uma pessoa assim anda sempre contrariado e morrendo de medo de errar. Isso acontece com você com frequência? Como viver com a sensação de estar sob uma lupa que magnifica os erros, as dúvidas, os desacertos?

Cansei de seu perfeccionismo...

A carga do perfeccionismo faz com que a relação se torne cada vez mais solene, amarga e formal, pois a espontaneidade e o frescor do parceiro são vistos pelo perfeccionista como uma falta de autocontrole. Não digo que o amor precise de um estado de euforia eterna para ser saudável, mas daí a transformá-lo em um departamento de controle de qualidade há muita diferença. O estilo perfeccionista controla, organiza, estabelece regras, ordena e sistematiza tudo, inclusive companheiro e filhos. Os abraços serão *exatos*, os beijos serão *bem executados* e a convivência atenderá a um manual de funções *claramente explicitadas*. A surpresa, a improvisação e a naturalidade são causa de estresse e, de vez em quando, motivo de separação. Se você tem um companheiro assim, sabe do que estou falando. É como viver com a espada de Dâmocles sobre a cabeça.

Você segue as disposições dele ao pé da letra, cumpre cronogramas e horários; de fato, até começou a imitar a conduta dele, talvez porque não tinha outra opção se quisesse ficar ao seu lado. Segue o padrão: tudo no lugar, limpo e asséptico, ou seja, um pesadelo adaptativo. Você há de concordar comigo que uma coisa é ordem e organização, e outra é tentar pôr a vida dentro de uma camisa de força. Você não se cansa de satisfazer o modo meticuloso de vida dele, suas exigências absurdas? Uma paciente me disse: "Vivo com medo. Não que ele grite comigo ou me agrida, mas é que se algo não fica como ele quer, não fala comigo, me ignora e faz cara feia. E isso dói, machuca de verdade". Claro que a atitude do marido a agredia! Certos silêncios são agressões, golpes baixos, maneiras de castigar o outro. Quando lhe pedi que o enfrentasse e lhe dissesse com boas maneiras o que sentia, ela me disse que ele não gostaria disso e que sempre a fazia recordar que "não se deve falar além da conta". Não é de se estranhar: *falar só o necessário* faz parte do delírio perfeccionista. A mulher queria sair da armadilha onde estava sem incomodar seu captor. Seria como se, para se sentir livre, um escravo quisesse convencer seu dono de que a escravidão atenta contra os direitos humanos: "Querido amo, eu lhe peço, por favor, que reconheça que está errado e me conceda a liberdade". Mas liberdade se ganha, se toma, se conquista, e tem um custo, mesmo que seja necessário lutar de frente com o medo. Ela não foi capaz de fazer isso.

Um paciente comentou com tristeza: "Minha esposa se persigna antes de fazer amor, não sei se para que seja bom ou para pedir perdão antecipado. Parece um desses jogadores que entram em campo, fazem o sinal da cruz e olham para o céu para ganhar o jogo. Sempre fazemos amor do mesmo jeito, à mesma hora e no mesmo lugar. E isso me cansa, é chato, tira minha vontade". O homem não tinha coragem de inovar nas relações sexuais, menos ainda com algo atrevido. Havia decidido se limitar ao básico para não a incomodar. Como não se cansar, não se enfastiar de um sexo assim, se, além do mais, o outro lhe proíbe toda espontaneidade e improvisação? Se essa é sua situação, por que não fala? Por que não se explica e propõe algo renovado, mais vital e mais solto? Se o que o detém é o medo de perder a pessoa amada, reavalie esse amor, que pode estar contaminado de apego até os ossos. Medite um pouco sobre esta frase de Krishnamurti: "O amor é ausência de medo". Você vai ver: qualquer que seja a conclusão a que chegar será boa.

Como ser criativos na vida se não podemos sair dos esquemas preestabelecidos? Como descobrir? Onde fica o espanto, se a vida a dois se repete de um modo sistemático e metódico? Pergunte-se por que diabos você continua nesse tipo de relação asfixiante, cheia de automatismos.

A tudo isso talvez se deva somar o costume que seu parceiro perfeccionista tem de se levar a sério. Eu diria que um sintoma de saúde mental seria rir de si mesmo – obviamente, sem autopunição. Trata-se de relaxar e deixar um pouco de lado a cara séria. Quando dirigimos o humor a nosso eu, baixamos as defesas, somos como somos sob o amparo da piada ou do comentário engraçado.

Gente que se leva muito a sério é insuportável porque, entre outras coisas, não é capaz de sair de seus esquemas. Tudo é motivo de ofensa ou de pudor. Meu Deus, que saco!

Além do mais, em um relacionamento a dois, os perfeccionistas se tornam extremamente previsíveis. Não há surpresa, tudo se mumifica em ciclos estabelecidos, chatos e sem graça. E se essa prática perdurar no tempo, pouco a pouco se transformará no pior inimigo de uma boa relação: *o tédio*. Não estou dizendo que o amor tem que ser uma festa que dure vinte e quatro horas, todos os dias, visto que a vida cotidiana não é cor-de-rosa, mas é imprescindível ter momentos de alegria compartilhada, de erros simpáticos, de algumas descobertas que nos deixem maravilhados e meio irresponsáveis. É a vida, não podemos encerrá-la em um computador de última geração; não seria humana. O amor precisa conter diversão, uma chama de loucura não nociva que aflore em nós e seja contagiosa para o outro. Um paciente meu se defendia com estes argumentos: "Ah, não, o meu caso é outro: é uma *rotina criativa*". Parece piada, mas foi real.

Eu lhe pergunto então: por que entrou em uma relação desse tipo? Talvez tenha acontecido como acontece com muita gente: uma pessoa sensata, séria, responsável, organizada, tem um ar de *bom partido*, seja homem ou

Cansei de seu perfeccionismo...

mulher. A cultura nos diz isso, e você acreditou. Essa seriedade ao quadrado acaba com qualquer tentativa de regozijo. Spinoza, o filósofo, referia-se ao amor como uma alegria. Comte-Sponville, também filósofo, retomando Spinoza, afirma que o amor é "a alegria de que o outro exista". Aristóteles manifestava: "Amar é se alegrar". Portanto, caro leitor, não vista sua relação de luto; sacuda-a e faça-a voar, transforme-a em uma experiência de vida menos circunspecta e mais aberta ao mundo. Amar não é ir a um velório (se bem que algumas festas de recém-casados dão essa impressão).

E talvez também aconteça que, antes de estar com essa pessoa, você era brincalhão, divertido e travesso, e agora mal ri. Onde ficou esse brilho encantador que o caracterizava? Que cansativo andar pela vida em câmera lenta, como se você estivesse em um bazar de objetos delicados e mal pudesse se mexer! Você pode mudar isso, claro que sim. Imagine que você é um elefante em uma loja de porcelanas, e que, farto de não poder se deslocar à vontade, solta um brado ou grito de guerra e sai com total descontração, chacoalhando a tromba e morrendo de rir. Consegue se imaginar correndo por um descampado e fazendo o que lhe der na telha? Livre-se dos perfeccionismos, mesmo que tenha que quebrar algumas coisas.

Algumas sugestões e reflexões que reafirmam por que você deve se libertar de um companheiro que lhe impõe um estilo perfeccionista/afetivo

- Se alguém lhe propuser um amor escrupuloso, exato, mesquinho, inflexível, estrito, moralista, formal, probo, regulado, estruturado e organizado, e ainda se orgulhar disso, fuja, corra e não pare, mesmo que a pessoa pareça um bom partido. Seu potencial companheiro será um superego ambulante em busca de vítimas. Em geral, as pessoas muito perfeccionistas possuem uma mistura de fundamentalismo, dogmatismo e obscurantismo caseiro, um expoente da rigidez mental. E existe algo que precise mais de flexibilidade que o amor? O *Tao* afirma: "Em vida, o homem é elástico e evolui. No momento da morte, é rígido e imutável. As plantas ao sol são flexíveis e fibrosas, mas na escuridão perecem secas e rachadas. Por isso, o elástico e flexível está associado à vida, e o rígido e imutável dá a mão à morte". Ter uma relação afetiva com uma pessoa rígida é morrer um pouco a cada dia. E você não quer isso, não é?

- É difícil se relacionar afetivamente com uma pessoa perfeccionista e não se deixar levar por seu esquema de *correção*. A pessoa o convencerá de que o perfeccionismo é bom mais facilmente do que você poderia convencê-la do contrário. Quando menos perceber, você estará organizando sua casa e sua vida de maneira obsessiva. Lembre-se de que, além do alto poder de convencimento dessas pessoas, a cultura as exalta e as usa como modelos exemplares. É absurdo: danem-se os modelos exemplares, que não deixam você viver em paz e como quer. Exemplares para quem?
- Desorganize-se um dia: não tome banho, saia à rua sem pentear o cabelo, vista uma roupa que indique seu mau gosto, não leia o jornal com o extremo cuidado de dobrar as páginas como se fosse uma enciclopédia antiga e quase santa, jogue fora o que já leu, comece pelo fim, almoce a outra hora, durma de outro jeito ou não durma de vez em quando, invente uma nova posição do *Kama Sutra*, enfim, tire um dia de desordem *desprogramada*. Ao fazer isso descaradamente e sem nenhum escrúpulo, descobrirá algo maravilhoso: não vai acontecer nada. Repito: se de vez em quando você sair da ordem estabelecida pela

subcultura dos perfeccionistas, tudo seguirá seu curso, não será uma catástrofe.

- Dois conceitos de psicologia social sobre as normas, visto que os perfeccionistas não conseguem viver sem elas e gostam de se cercar de decretos e regulações. O primeiro conceito é o que se conhece como *influência informativa* e tem a ver com as informações que tiramos de nosso entorno imediato quando não sabemos como devemos nos comportar, pensar e sentir. Em geral, isso ocorre em situações ou em lugares desconhecidos. Por exemplo, se você for a um país estranho do qual não conhece os costumes, isso sem dúvida será útil para não ofender os habitantes locais (obviamente, se essas práticas não atentarem contra suas crenças básicas nem tiverem implicações éticas para você). O segundo conceito é a *influência normativa,* e se refere a quando as pessoas aceitam passivamente as normas para evitar a rejeição social e ter a aceitação dos outros. Essa influência normativa costuma ter como resultado o *conformismo*, a aceitação das normas sociais sem reclamar, mesmo que sejam irracionais, arbitrárias ou perigosas. Um reconhecido dicionário define *conformismo* da seguinte maneira: "Atitude da pessoa que aceita facilmente qualquer circunstância pública ou privada, especialmente quando é adversa ou injusta". Por que tudo isso? Para afirmar que a pessoa perfeccionista é conformista. Tem medo de mudanças e de questionar a legitimidade do estabelecido. Se você se relacionar com alguém que o cerca desse tipo de amor, acabará perdendo seu espírito crítico; não se perguntará por que as coisas são de determinada maneira; dirá: "Se são assim, por alguma razão deve ser". Superficial, irreflexivo e medíocre. Mas existe um mantra ancestral, patrocinado pela sabedoria da Natureza, que repete: "Se você não se incomodar, não vai avançar".

- Henry Miller dizia: "As imperfeições de uma pessoa, suas fragilidades, seus defeitos, são tão importantes quanto suas virtudes. Não dá para separá-los". E Mahatma Gandhi afirmava categoricamente: "A liberdade não vale a pena se não traz consigo o direito de errar". Se associarmos os dois pensamentos, fica claro que, no amor, ambos os integrantes do casal devem se aceitar como uma totalidade; não podem se amar aos pedaços. A poeta cubana Dulce María Loynaz mostra isso de uma maneira encantadora no poema "Ama-me inteira":

Se me amas, ama-me inteira,
não por zonas de luz ou sombra...
Se me amas, ama-me preta e branca.
E cinza, verde e loura, e morena...
Ama-me dia, ama-me noite...
E madrugada na janela aberta!
Se me amas, não me recortes:
Ama-me toda... Ou não me ama!

- Em um pequeno relato, Anthony de Mello mostra o que pode acontecer quando o perfeccionismo toca a espiritualidade e se mistura na relação:

O mestre gostava de gente normal e comum e desconfiava de quem se obstinava em alcançar a santidade. Disse a um discípulo que o consultou acerca do casamento:
— Assegure-se de não se casar com uma santa.
— Por quê, posso saber?
— Porque é o modo mais seguro de se tornar um mártir
— replicou o mestre, regozijado.

Uma carta de despedida

Deixo aqui um protótipo de carta de despedida para dar um adeus definitivo a quem pôs espartilho em sua

Cansei de seu perfeccionismo...

vida, àquela pessoa que o impediu de ser você devido a uma suposta perfeição que só existia na cabeça dela. Poucas coisas na vida provocam um sentimento tão forte de libertação como terminar uma relação que rouba toda nossa energia vital.

Querido(a):
Tantos anos cuidando dos detalhes, das minúcias, entregando-lhe o controle e submetendo-me a ele! Cansei de tanta parafernália, de pôr freio à vida, desse autocontrole asfixiante que não me deixa ser eu mesmo nem descobrir meu mundo interior. Claro que aceitei essa maneira de viver porque o amava, mas também para evitar discussões sobre o certo e o errado, a maneira adequada de existir e o que deve ser, como se nunca houvesse outra opção. Cansei de nosso amor previsível, de você me proibir improvisar. Fartei-me do metódico, do rigor do caminho a seguir. Não sei se foi sua intenção, mas você me sufocou, limitou, prendeu-me em um jeito de ser que não é o meu, e sim o seu. Eu quero rir, gritar, brincar, rolar no chão, transar a qualquer hora, perder o controle de vez em quando e me descabelar no prazer, sem culpa. O que no início me maravilhou em você agora me

deprime, me desagrada e me repele. Cansei do seu esmero, de que sua roupa não tenha um amassadinho, de que você exale perfume, de que seu cabelo esteja sempre no lugar, de que suas unhas sejam tão uniformes, de que seus gestos e expressões pareçam impostados; enfim, fiquei esgotado, não quero mais você em minha vida. Quero pintar minha casa da cor que quiser, mesmo que não siga os cânones do bom gosto; sair e voltar quando quiser, comer fora de hora e quando me der vontade, sem contar vitaminas, nutrientes e porcentagens de calorias. Portanto, digo-lhe adeus e me liberto de você e de suas manias e, acima de tudo, de suas críticas. Não estou nem aí para a tradição e as normas que você tanto adora. Para falar a verdade, eu me cansei até de como você respira. Sim, eu deveria ter dito isso antes. Faltou-me coragem; achava que não poderia viver sem você. Mas aprendi que, na realidade, não posso mesmo é viver sem mim. Adeus. E, quando eu for embora, não vou trancar a porta com duas voltas como você me mandava fazer toda noite. Feche-a você dessa vez. Até nunca mais.

Cansei de seu perfeccionismo...

* Nota importante. Deixe a carta mal dobrada, amassada, manchada e no chão. Não esclareça nada e nem pense em pedir desculpas. Ou melhor, não diga uma palavra, deixe que a carta e a apresentação falem por você.

Cansei de me responsabilizar por seus problemas e por você não fazer sua parte

Em uma consulta, perguntei a uma mulher como era sua vida amorosa. Depois de um suspiro, ela me contou o seguinte: "Todos os homens de quem gosto são complicados e têm uma vida cheia de problemas. Para mim, amar é ter que resolver seus problemas, resgatá-los e fazê-los funcionar. Sinto isso como uma obrigação, ou um dever, mesmo que eu sofra muito. A questão é que em toda essa confusão eu me esqueço de mim mesma. Sinto-me responsável pelo bem-estar de meu companheiro vinte e quatro horas por dia, a cada segundo, como se fosse um filho pequeno. Às vezes penso: *Se eu não fizer isso, quem fará?* Fico sempre com homens desvalidos, incapazes, dependentes ou fracassados, como se fosse um carma. Agora, estou com um mais novo que eu, alcoólatra e muito imaturo; não sabe o que quer nem aonde vai. Eu o acompanho às sessões do AA, fico de olho nele e tenho fé de que o resgatarei. Ele quer ter um filho comigo, mas não tenho certeza...".

Minha paciente, apesar do sofrimento e do esgotamento que sentia, tinha uma boa autopercepção. Sabia que algo a levava a procurar pessoas disfuncionais e que se vinculava afetivamente a gente irresponsável. Azar? Não. Ela se sentia atraída por esse tipo de indivíduos, que a *farejavam* como as abelhas ao pólen e corriam para ela em busca de proteção. Ela não se relacionava com os homens, mas sim os *adotava, precisava que eles precisassem dela*.

Essa tendência não é exclusiva das mulheres, como poderia nos fazer pensar o estereótipo machista. Os homens também fazem isso desde tenra idade. Um adolescente comentou comigo, quase rindo de si mesmo: "Doutor, pode me apresentar muitas mulheres, e verá que eu me apaixono pela mais problemática. Quando são muito tranquilas, maduras e seguras de si, não me agradam". Masoquismo? Não. Eu diria que meu paciente sofria do que poderíamos chamar de síndrome do *bom samaritano* emocional, uma predisposição a socorrer e ajudar de maneira excessiva às custas do próprio bem-estar.

Muitas dessas pessoas respondem intensa e persistentemente demais às dificuldades de quem dizem amar. No entanto, depois de um tempo entregando-se cegamente a sua tarefa de salvamento, como não veem resultados, cansam-se e entram em crise.

Estar com pessoas desequilibradas, extremamente irresponsáveis ou que têm algum tipo de dependência não é nada fácil, e menos ainda se pretendermos fazer de sua *melhora* o sentido de nossa vida. Não quero dizer que não se deve ajudar os outros; o que afirmo é que a *obsessão por socorrer os outros a qualquer preço*, sem fazer um balanço objetivo das verdadeiras capacidades físicas e psicológicas de que dispõe, pode fazer que você passe dos limites e prejudique ainda mais seu parceiro e a si mesmo. Ajudar sem medir consequências, sem levar em conta o que realmente somos capazes de aguentar, provoca um transtorno conhecido como *burnout*. A pessoa se *incinera*, se *esgota*, se *bloqueia* ou se *funde*; perde gradualmente a energia provocada pelo idealismo inicial e começa a ficar tensa ou deprimida. Por isso, certas áreas profissionais são mais suscetíveis ao *burnout*. Por exemplo, medicina, enfermagem, psicologia e assistência social, entre outras.

Melody Beattie, escritora, ex-alcoólatra, ex-dependente química e emocional, diz o seguinte em seu livro *Codependência nunca mais*:

> Dar aos outros, fazer as coisas por eles e com eles é parte essencial de todo modo de vida saudável e das relações saudáveis. Mas aprender quando não devemos dar, quando não devemos ceder e quando não devemos fazer coisas pelos outros e com os outros é também uma parte essencial de todo modo de vida saudável e das relações saudáveis. Não é bom cuidar de quem se aproveita de nós para evitar sua própria responsabilidade.

Eu diria que não só *não é bom*, como também às vezes é realmente catastrófico. Toda sua vida pode ir a pique se você estiver amarrado a alguém que afunda e não quer subir à superfície. Obviamente, não me refiro a relações nas quais a pessoa incapacitada faz sua parte; o ágape (cuidado, ternura) deve estar presente em uma boa relação, desde que um dos dois não seja explorado.

Pergunto: você se identifica com o que foi dito até agora? Está envolvido com alguém que precisa que lhe dê suporte emocional ou psicológico o tempo todo, como se você fosse seu terapeuta, e não avança nem um centímetro?

A primeira coisa que você deve questionar é se seu papel de *socorrista* é racional e razoável, se a pessoa afetada colabora e está motivada para a mudança, ou se continua apegada a seus padrões inadequados. Se o papel de salvador que você assumiu o machuca real e profundamente, precisa reavaliá-lo, e, talvez, pedir ajuda profissional.

Se estiver com alguém que não faz sua parte, que não colabora, que não se esforça em melhorar apesar de toda a ajuda e compreensão que você lhe dá, e que, além do mais, amarga sua vida e absorve sua energia básica, não há muito que pensar. A questão é tomar decisões sem culpa nem arrependimentos antecipados. Quanto tempo esperar? Uma paciente me disse em lágrimas: "Dediquei metade da vida para afastá-lo das drogas, e ele não é mais que um abusador". Metade da vida. Em outro caso, uma jovem me contou: "Ele diz que não encontra emprego, apesar de todas as entrevistas que eu consegui para ele. Nem sequer vai, dorme até tarde... Eu deixo dinheiro para que pague a luz e ele esquece. É muito relaxado e irresponsável, mas eu sei que tem potencial, não me darei por vencida". Três anos tentando *mudá-lo* e fazê-lo tomar rumo. Ela dizia tudo isso em meio a uma evidente depressão e severos ataques de pânico. Estender a mão? Sem dúvida, mas sem deixar que levem seu braço.

Às vezes, as pessoas estão *presas em uma armadilha* com alguém cujos problemas parecem estar organizados em uma série ascendente: você resolve um e aparece outro. E assim, pouco a pouco, passa da preocupação ao martírio, e, sem perceber, vai se tornando vítima de uma vítima. Agora é você quem precisa ajuda.

Uma causa possível que explica por que você é um *ajudador compulsivo* ou uma pessoa codependente é que *quando precisam de você, você sente que pode ser amado, sente-se* útil e com sentido. Um apego com *bypass*, com uma guinada inesperada: depender de um dependente. As pessoas que se anulam nas relações para que o outro brilhe ou se destaque e se mostre bem-sucedido deveriam dizer a seu parceiro: "Meu amor, escreva isto: se para que você seja feliz eu tenho que ser infeliz, não me interessa nem um pouco continuar ao seu lado".

Algumas sugestões e reflexões para largar seu papel de ajudador crônico

- Se acha que deveria se deixar arrastar pela negligência, loucura ou irresponsabilidade de seu parceiro por ser seu *dever moral*, saiba que *soltar* quando está se matando por alguém que não faz sua parte e se encosta em você não é um ato de covardia, e sim de sobrevivência. Soltar quando o machucam ou quando está à mercê de um vampiro emocional não é egoísmo, é inteligência emocional, um ato de amor-próprio.
- Um paciente me dizia: "Cada vez que minha mulher chega do trabalho, traz um problema com alguma colega. Briga com elas ou odeia uma de uma hora para outra. Chora, fica deprimida, e eu levanto seu ânimo até onde posso, até faço *terapia* com ela. Ontem, não dormimos falando sobre o chefe dela. Segundo minha mulher, ele não gosta dela porque entrou uma pessoa nova e ele lhe dá mais atenção. Muitas vezes, quando alguém não a cumprimenta, ela entra de novo nessa espécie de

delírio persecutório. Também subestima todo mundo, acha que são todos incapazes e que ninguém reconhece seu trabalho. Esse é o quinto emprego em que acontece a mesma coisa. Eu implorei para consultarmos algum profissional para que a ajude, mas ela se recusa e briga comigo". O que estava acontecendo com esse homem? Ele estava em profunda depressão devido ao estresse que sua companheira lhe provocava. Quanto tempo fazia que ele estava nessa? Cinco anos. Queria fazer as coisas por ela e não podia. Depois das conversas que eles tinham, a mulher parecia relaxar e adormecia; ele, porém, assumia o sofrimento dela e não pregava o olho buscando uma solução. Meu paciente sofria de síndrome do ajudador crônico.

- A pergunta é clara: até onde continuar? Cada um decide. Talvez este princípio possa lhe servir: *só podemos ajudar, mesmo que haja muito amor, a quem quiser ajudar a si mesmo*. Se a pessoa não quiser ajudar a si mesma, tente de novo e de novo, mas sem que isso o destrua. Mas saiba que deve haver um limite.
- Observe a si mesmo e procure descobrir se arcar com a irresponsabilidade do outro, com suas

dependências, sua negligência diante da vida ou suas preocupações irracionais, só para citar alguns exemplos, está afetando sua qualidade de vida, sua dignidade ou sua saúde. Se você estiver adoecendo para que o outro não adoeça, ou se desorganizando para que o outro se organize, estará indo na direção oposta ao seu crescimento pessoal.

- Manter uma relação a dois não é *adotar* o outro, não é montar uma parafernália de primeiros socorros a seu redor e sair correndo ao mínimo problema que a pessoa tenha, sem que ela mexa um dedo. Se começar a ver a pessoa amada como um filho, terá um problema duplo: a) Como diabos se soltar de alguém a quem adotou sem se sentir mal? (Abandonar um filho adotado é pouco menos que terrível.); e b) Como desejar seu parceiro e fazer amor com ele se a cada dia a relação se torna mais filial? Ou os dois são adultos responsáveis e ninguém se aproveita de ninguém, ou não dá certo.

- Por que essa mania de buscar gente com problemas? Uma possibilidade é o medo da solidão. Para assegurar a relação e evitar um possível abandono, você busca pessoas necessitadas ou que tenham problemas complicados de vários tipos e que se apeguem a você. Como eu disse antes, a premissa é: "preciso que precisem de mim". Outro fator pode ser transformar a relação em uma missão de salvamento que justifique o vazio existencial em que se encontra: "Isso dá sentido a minha vida, sei que sou útil".

- Há alguns anos, em um banheiro masculino, encontrei este poema anônimo escrito em uma parede. Alguém se cansou, ou seus sentimentos desfaleceram devido ao esgotamento de cumprir exigências e dar provas de amor. Alguém se libertou e o deixou naquela parede desbotada como um testemunho de que o amor se cansa e se gasta quando mal utilizado.

Exigiu um seguro de vida e lhe dei três.
Exortou honestidade comprovada e não mais roubei.
Sugeriu cumprimento e jamais me atrasei.
Aconselhou moderação e tentei o celibato.
Exigiu sigilo e discrição e me tornei invisível.
Estimulou meu esquecimento e contraí amnésia.
Pediu que a amasse com paixão e desenvoltura.
Mas eu já estava tão cansado que não fui capaz.

Talvez você se identifique com essas palavras. Algumas vezes, como dissemos, de tanto dar e não receber, nós nos cansamos, esgotamo-nos. Começamos a sofrer *fadiga afetiva*, e quando queremos dar a arrancada, não temos força para amar.

Uma carta de despedida

Deixo aqui um protótipo de carta de despedida para dar um adeus definitivo a quem roubou sua energia e o prendeu no jogo de *vítima/socorrista*. Para essa pessoa que o fez sofrer, cuja responsabilidade você assumiu de maneira excessiva e irracional, tente escrever sua carta com a maior sinceridade possível, não importa quão dura ou crua possa ser para você ou para o outro. A realidade, mesmo que crua, move montanhas e cura. O fato de escrever mostrará que ele não conseguiu destruí-lo, que ainda restam em você fortes vestígios de uma humanidade que crescerá sem que ninguém a possa deter.

> Querido(a):
> Não sou mais responsável por você; renuncio. Nem sequer pensei sobre isso; é meu corpo que o expulsa para minha autoconservação. E o mais extraordinário é que não sinto a mínima culpa, porque dei demais. É claro que você não poderá mais me manipular. Não quero mais cuidar de você

como de um filho; sua imaturidade me esmaga; sua insegurança me sufoca; sua irresponsabilidade me desespera. Que alívio me livrar dessa missão suicida! Sinto muito, mas você ficou sem colete salva-vidas, e se ainda não aprendeu a nadar depois de eu ter lhe ensinado por tantos anos, procure outro lugar onde se agarrar. Você desempenhou o papel de vítima o tempo todo, a vida inteira, e acha que quem se vincula a você deve fazer papel de curador, como se fosse um ser especial que merece ser carregado em um andor. Uma vez você me disse: "Formamos um casal perfeito: eu preciso que cuide de mim, e você é uma pessoa cuja vocação é ajudar". Que descaramento! Eu me enchi de trabalhar por você, de pensar por você, de viver por você. Inclusive me antecipei a seus sofrimentos e os fiz meus, enquanto você os entregava a mim com o maior descaramento, como se fosse minha obrigação. Cansei de resgatá-lo repetidamente, de animá-lo apesar de seu negativismo, de me sentar ao seu lado durante horas para lhe mostrar que é capaz e que é você quem deve lutar por seus sonhos, não eu. E, veja só, você achava que eu não seria capaz; mas, hoje, neste exato momento, eu lhe digo adeus, liberto-me de você.

Cansei de me responsabilizar por seus problemas...

Ao tirar esse peso de minhas costas, sinto que por fim posso cuidar de mim. Desejo o melhor a você.

* Nota importante. Não a entregue pessoalmente, a não ser que tenha certeza de que a manipulação e a chantagem emocional dele não terão efeito em você nem precipitarão um retorno ao que não quer. Se achar que ele poderia atentar contra sua pessoa, procure ajuda profissional para que o oriente durante a ruptura.

Cansei de você me tratar mal

Suponhamos que você foi educado com o valor do respeito pelo outro. Seus modelos, a escola, a família e as pessoas que o cercam lhe inculcaram esse princípio e ele faz parte de sua maneira de pensar, sentir e agir. Assim vivia, assim se comportava, até que se apaixonou perdidamente por uma pessoa violenta e impositiva, cuja norma de vida é a tirania. Você a ama tanto que criou a ilusão de que ela um dia reconhecerá que você é alguém a quem deve respeitar. Você inclusive se consola dizendo a si mesmo que *muito poucas vezes* ela chegou às vias de fato. Mas mesmo nesse caso, supondo que a agressão que ela exerce sobre você seja psicológica mais que física, a atitude tolerante não servirá para nada: você lhe dará mais poder e será cúmplice do abuso.

Pense, por favor: você está esperando que alguém que o maltrata emocionalmente, que o humilha, que o desqualifica, grita, insulta, intimida, provoca medo ou sofrimento moral, passe da intimidação à ternura, da rejeição à carícia, da desqualificação à admiração graças a uma tomada de consciência. Realmente acha que essa *mutação* pode acontecer? Com ajuda profissional? Talvez essa pessoa mostrasse alguma melhora, caso não se tratasse de uma personalidade psicopática ou altamente agressiva. Mas se já existe um histórico de comportamentos violentos que se repetem, valeria a pena? E o que você faria com o que ficou gravado a fogo em sua memória? Poderia se relacionar sem medo de que essas situações se repetissem? Enfatizo isso: você deveria reagir defendendo seus direitos; bastaria um só dos comportamentos agressivos e ofensivos indicados acima.

Você deve me achar cético, e é verdade. Sou, porque nesses casos não se cumpre a única certeza que se deve exigir nas relações humanas, sejam quais forem: *a pessoa que ama nunca nos machucará intencionalmente*. Não sendo assim, o vínculo saudável é impossível. Você poderia argumentar que o perdão engrandece. Se acreditar nisso e quiser, então perdoe-o, mas deixe-o. Perdoar é recordar sem rancor, e não dar anistia (você não é padre nem juiz). E digo isso porque perdoar e ficar como se nada houvesse acontecido não o exime do risco físico e psicológico que corre com uma recaída de seu parceiro. É provável que lá no fundo você saiba que sua mente está tão debilitada que não aguenta nem mais um embate. Os socos deixam hematomas (com essa prova, você pode ir à delegacia), mas os ataques emocionais não deixam rastro observável, e acabam com você.

Quantas vezes o pânico o fez tremer? E quantas outras você antecipou a reação negativa dele e acertou? Só quem vive isso pode saber, só quem sente a depreciação e o ultraje da pessoa amada sabe a que me refiro. De tanto apanhar, sua autoestima se fere, desfalece. É quando você pensa: *Será que ele tem razão, que as coisas são como ele diz, que eu mereço o tratamento que me dá?* Quando perde o caráter de sujeito e se torna um objeto, sua identidade se perde; você já não sabe quem é. A violência na relação apequena a alma, e aceitá-la mansamente destrói sua dignidade.

Lembra-se da angústia ao sustentar seu olhar, do pranto solitário, das dúvidas sobre sua valia pessoal, das ofensas que se transformaram no pão de cada dia? Lembra-se das vezes que teve que acalmar o carrasco dando-lhe razão quando não a tinha? Cada vez que aceita os maus-tratos e tenta justificar o injustificável, você acaba incitando o outro a incrementar sua conduta doentia. E como adoram se pavonear aqueles que abusam do poder e machucam em nome de uma suposta superioridade!

Em outras palavras: por *amor*, você aceita o inaceitável. Mas depois, quando está sozinho com sua humanidade ultrajada, você se arrepende, sente-se um estúpido, fraco ou acha que não pode ser amado. Não é extenuante viver com a dignidade ultrajada? Não é melhor sair desse buraco negro? Não se cansou de ser uma espécie de saco de pancadas que só apanha, sem sair do lugar? O apego afetivo limita a autonomia porque não é você quem decide, e sim o medo de perder sua *cara-metade*, mesmo que seja azeda como um limão.

Contam que um filhote de leão foi criado com um cachorrinho. Nem bem nasceu o felino, o cão começou a atormentá-lo o tempo todo: mordia-o, latia, subia nele e roubava sua comida. Esse condicionamento foi tão forte que quando o leão cresceu e já era uma fera que assustava todo mundo, só de ver o cãozinho de sua infância já se urinava de medo. Não importava a grande diferença de tamanho, ou que pudesse acabar com ele com uma patada só, nada o fazia reagir, porque o medo condicionado anulava o mais feroz dos instintos.

Olhe-se com outros olhos. Talvez a força e o poder que seu parceiro demonstra tenham se alimentado de sua adrenalina e fraqueza. Não digo que a pessoa que ama não seja objetivamente perigosa, porque, se assim for, você precisa pedir ajuda legal ou de qualquer outro tipo. Quero dizer que se você estiver lhe atribuindo mais força do que ela tem, se de repente seu parceiro for um pequinês e você uma fera que não se reconhece, não deixe que a lavagem cerebral o convença de uma suposta incapacidade que não tem. O medo paralisa e limita nossas faculdades. Mas, talvez um dia, quando realmente se cansar da escravidão emocional em que está, diga um "Chega, estou farto de você!" tão poderoso quanto o rugido de um leão.

Algumas sugestões e reflexões que o ajudarão a saber por que o autorrespeito não se negocia nem mesmo por amor

- Você não é mais que ninguém, mas também não é menos. Ter autorrespeito significa considerar-se valioso, ou seja, merecedor do bom, do amável, do doce. Talvez, depois de ter sido vítima de maus-tratos, seu *eu* mal se reconheça, mas sua essência, aquilo que você é de verdade, ninguém pode tirar de você, nem mesmo em nome do amor. No dia em que entender isso, não haverá nada nem ninguém que faça tremer sua autoestima.
- O que é faltar ao respeito a si mesmo? Ridicularizar-se, menosprezar-se, sentir-se inferior ou rejeitar o que se é de verdade. Mesmo que não perceba, você pode se tornar seu pior inimigo se ficar se castigando e degradando. Dizer: "Não valho a

pena" ou "Mereço que me tratem mal" é diminuir o valor de seu ser e negar sua humanidade. Como quer que o respeitem e o amem se você não faz o mesmo? As agressões não só o machucam, mas também roubam sua energia vital, deixam-no sem forças para enfrentar a vida, detêm seu crescimento interior e abalam o amor-próprio. Não deixe que seu parceiro acabe com você. Lembre-se: seus direitos são inalienáveis, são privativos de sua natureza pelo simples fato de estar vivo.

- O filósofo Comte-Sponville diz: "O respeito é o sentimento que temos da dignidade de algo ou de alguém". E *dignidade* é o que não tem preço nem um valor de uso. O digno não é um meio para obter algo, e sim um fim em si mesmo. Quando seu amado o usa para obter alguma coisa em benefício próprio ou simplesmente para descarregar sua ira, ele não o valoriza, e sim o rebaixa a sua mínima expressão. E lhe pergunto: pode haver amor do bom se o indivíduo que você supostamente ama não reconhece sua dignidade e viola seus direitos humanos? Conclusão: se alguém o machuca de propósito, é porque não o ama; não procure mais desculpas.

- Quando você se declara lacaio de alguém, mesmo que por amor, também perde dignidade. O servilismo se fundamenta na ideia de que o outro é mais que você em essência, e, por isso, precisa se submeter, obedecer e aguentar – especialmente aguentar. Defender o *eu* seria rebelar-se e ignorar a pretensa superioridade de quem o esmaga. Já sentiu que seu parceiro é mais respeitável que você? Se a resposta for afirmativa, os alarmes dispararão e você precisará buscar ajuda profissional urgente. Para salvar seu autorrespeito e sentir seu poder, jamais se incline diante de ninguém, e menos ainda por amor. Procure ser irreverente (não prestar reverências) diante dos modelos de autoridade que querem se impor sobre sua integridade e tiram sua liberdade. Atreva-se a dizer um maravilhoso, sonoro e sentido: "Não quero", "A partir de hoje, chega". Que felicidade se negar a fazer o jogo de quem nos acossa! O *amo* só pode existir quando há algum escravo disponível. Quando não mais aceitar sua condição de súdito, você será livre.
- O amor deve ser democrático, e não ditatorial. Somos todos iguais no que diz respeito ao direito; portanto, se a relação for vertical, não há dúvida, será autoritária. Há pelo menos três limites que não

devem ser negociados nas relações afetivas e em qualquer ordem da vida: quando nos coisificam (deixamos de ser sujeitos válidos), quando afetam nossa autorrealização (bloqueiam o desenvolvimento de nosso potencial humano), e quando violam nossos princípios (pisam no que é tão importante e vital para nós). O bom amor anda de mãos dadas com a generosidade e a compaixão (sensibilidade à dor do outro). A pessoa amada – se o amor for saudável – sempre será muito importante para você. Você vai querer sofrer para que ela não sofra, e as conquistas dela serão como se fossem suas. Não há amor se não há admiração, orgulho do bom por estar com quem estamos. Os predadores afetivos não fazem nada disso, portanto, você deve deixar claros seus limites; e se alguém os ultrapassar, vá embora, não hesite: você está com o inimigo.

- Não procure justificar a violência ou os maus-tratos apelando para o amor. Leia o seguinte texto de Jiddu Krishnamurti e analise-o detalhadamente:

> A violência não é só matar a outro. Há violência quando usamos uma palavra aviltante, quando fazemos gestos para desprezar o outro, quando obedecemos, porque há medo. A violência é muito mais sutil, muito mais profunda.

Insisto: quando você é ignorado, ou alvo de raiva ou nojo, quando apontam seus erros, debocham, não o abraçam quando chora, quebram objetos diante de você, desprezam-no, enfim, quando o machucam sem tocá-lo, também há violência.

- Três frases para você guardar em seu coração e sobre as quais meditar. Não as subestime, as palavras podem ser muito poderosas. Não diga "é bobagem" antes de se aproximar delas. Se as internalizar, terá mais três razões para mandar tudo para o inferno. Três motivos para validar o cansaço. Um músico jamaicano, um filósofo espanhol e um pastor norte-americano:

Bob Marley: "Não há pior pecado que provocar lágrimas em um rosto que nos presenteou com seus melhores sorrisos".

Não é normal, então, você se sentir vítima da *injustiça*? Não só o amor deve ser recíproco, mas também as boas relações em geral, as respeitosas, as amáveis, as que inventam a cortesia em cada olhar.

José Ortega y Gasset: "O rio abre um leito, e depois o leito escraviza o rio".

É verdade, mas há algo mais, uma ponta de esperança: às vezes, o rio, furioso e triunfante, em uma exaltação de liberdade, explode e transborda o leito e corre feliz, incontinente.

Martin Luther King: "No centro da não violência ergue-se o princípio do amor".

Embora pareça óbvio, é bom que reafirmemos: amor e violência são incompatíveis. Erich Fromm dizia: "Amor e violência são contradições irreconciliáveis", não só por razões éticas ou de princípio, mas por pura lógica: não podemos machucar a quem amamos; machucaríamos a nós mesmos se o amor fosse verdadeiro. Podemos dizê-la ao contrário e mesmo assim continuará sendo uma frase poderosa e bela: "No centro do amor ergue-se o princípio da não violência".

Uma carta de despedida

Deixo aqui um protótipo de carta de despedida para dar um adeus definitivo a quem o maltratou e o fez sofrer. Tente escrever a sua com a maior sinceridade possível, não importa quão dura ou direta possa ser para você.

O simples fato de a escrever mostrará que a pessoa não conseguiu destruí-lo, que ainda restam em você fortes vestígios de uma humanidade que crescerá sem que ninguém a possa deter.

Querido(a):
Durante muito tempo me senti como uma pequena mosca indefesa presa em uma teia de aranha, sempre ameaçada. Senti, e digo com dor e com raiva de mim mesmo, a tortura de estar ao seu lado. Ser maltratado pela pessoa que amamos é dupla tortura, e foi a isso que você me submeteu. Você me machucou muito, muito mesmo. Mas, como vê, ainda posso ressurgir de minhas cinzas, de cada ofensa, de cada contusão. Hoje, ponho você em seu lugar, e ouça bem, grave isto: você não é ninguém para me tratar mal. E graças a essa clareza, aconteceu algo excepcional, algo que gera em mim uma nova força: não tenho mais medo de você. Retomo o poder que lhe entreguei, aproprio-me dele e o torno meu, mas não para me vingar, e sim para esquecê-lo o mais rápido possível, para arrancar você de minha vida como se fosse um câncer. Cansei da opressão e do despotismo que padeci a cada dia. A única coisa que quero é não o

ver mais e que você saiba que a vítima que fui, porque me deixei levar por um amor idiotizado, não aceita mais esse papel. Eu entendi que amar não é abrir mão de meus princípios. Cansei de sua grosseria, da crueza de suas atitudes, da falta de empatia e de ficar me apontando o dedo. Cansei de não ser capaz de olhar em seus olhos para não sentir seu desprezo e sua raiva. Enfim, vou embora, e esse simples ato me faz recuperar o autorrespeito que você roubou de mim.

* Nota importante. Se não houver perigo para sua integridade física ou psicológica, seria conveniente entregar a carta pessoalmente, olhando para a pessoa, para comprovar que o medo se transformou em um misto de alegria e indignação manejável. Não dê nenhum tipo de esclarecimento, não entre em nenhum tipo de diálogo ou conversa posterior. Leia a carta, entregue-a e se afaste (se quiser, correndo e pulando) enquanto pensa: *Nunca mais*. Mas se suspeitar que pode ser perigoso para você, mande-a pelo correio quando estiver muito, mas muito longe.

Cansei de sua desconfiança e vigilância sobre mim

Não me refiro a um momento ou situação pontual; estou falando da vigilância e desconfiança vinte e quatro horas por dia, todos os dias, semanas, meses, o tempo todo. Que cansativo! Que saco ser observado e *custodiado* porque, a princípio, você é suspeito de enganar, da maneira que for, seu parceiro! Os indivíduos exageradamente desconfiados e com traços paranoides desenvolvem a crença irracional de que a pessoa amada lhes pertence; eles são proprietários dela. "Você é minha!" ou "Você é meu!"; é o que vemos em filmes, peças de teatro, novelas e na literatura. Enfático, ciúmes em estado puro, ciúmes sem anestesia. Existe algo mais vicioso que, quando sob os efeitos de Eros, dizemos: "Faça-me sua!" ou "Faça-me seu!"? "Faça de mim o que quiser, não me interessa ser eu, quero ser você, fazer parte de seu ser, diluir-me nele, ser absorvido, devorado. Meu ser sobra e atrapalha; melhor o seu".

Recordemos: para o indiferente, você simplesmente não existe; para quem maltrata, você não é um ser humano, e sim uma coisa; para o perfeccionista, você é uma máquina de cometer erros; e para o ciumento/vigilante, você é uma propriedade, algo que ele possui e aprecia em grau supremo, pela razão que for, e, como tal, precisa ter certeza de que não o perderá.

Há pouco tempo, recebi um e-mail de um homem que reunia as três causas mais importantes de ciúmes, todas concentradas em sua pessoa. O que ele escreveu foi: "É impossível que ela me seja fiel. Minhas razões são três: em geral, as mulheres não são confiáveis; além do mais, minha mulher em particular é meio ingênua e não perceberia se alguém a quisesse conquistar, e eu não sou um bom partido nem um homem atraente. Portanto, é fácil ser substituído. Estou à espera de ser traído a qualquer momento".

Pobre homem, resignado diante da adversidade dos chifres. Fatalismo de uma traição anunciada. Vamos analisar: afirmar que "as mulheres são pouco confiáveis" configura um estereótipo sexista e misógino. Ao dizer que a esposa é pouco confiável porque é fácil de conquistar, ele continua mostrando a questão sexista, e, além disso, um amor duvidoso: se não há admiração pela pessoa que amamos em algum sentido, seja aqui ou na China, o amor é incompleto e pouco saudável. E o terceiro ponto: pensar que ele não é um bom partido deixa claro um sério problema de autoestima. Pobre mulher que esteve ou está com ele! Como terá feito para tranquilizá-lo e sobreviver a sua antecipação catastrófica? Tripla desconfiança: "Não confio nas mulheres, nem em minha mulher, nem em mim mesmo".

Se seu parceiro desconfia de você, essa atitude não o ofende? Ele vê romances e flertes onde não existem? Se assim for, peça ajuda profissional, porque a coisa pode crescer como um câncer. O ciúme patológico é um delírio no qual o suposto afetado faz correlações ilusórias e amarra fatos que nada têm a ver. Jacinto Benavente dizia em um de seus escritos: "Quem é ciumento nunca é ciumento pelo que vê; com o que imagina basta".

O problema se agrava quando, para tranquilizar a ansiedade de seu parceiro, você aceita o ato irracional de ser *escaneado* para ficar livre de suspeitas. O marido de uma paciente minha, cada vez que ela chegava do trabalho, obrigava-a a tirar a roupa íntima e cheirava sua vagina para saber se havia estado com outro homem. Depois de tamanha invasão, ele ficava mais tranquilo se nenhum aroma o fizesse presumir a presença de um pênis que não fosse o dele. Por que a mulher se submetia a tal afronta? Porque achava que, assim, o convenceria de que suas ideias de infidelidade não tinham fundamento. Ela achava que quanto mais vezes *provasse* que estava errado, mais enfraqueceria sua apreensão; mas não é assim que acontece. A desconfiança amorosa é insaciável. O próprio marido me disse em uma sessão: "Sim, eu sei que até agora ela não me traiu, mas... e amanhã?". Ele buscava a certeza, ou que um ser transcendente descesse do céu e lhe confirmasse com rigor cósmico que a situação temida nunca aconteceria. Ele achava que a esposa era como um cordeiro frágil no meio de uma matilha de lobos. Lembre-se: quanto mais você concordar em dar provas de sua inocência a um parceiro ciumento, maior será a exigência dele. É como um dependente químico: quanto mais drogas lhe dá, mais ele quer; nunca se sacia.

O cérebro da pessoa ciumenta parece não saber calcular a probabilidade de que a infidelidade ocorra, visto que a confunde com a *possibilidade*. É possível que seu parceiro seja infiel? Sim, é possível, ninguém está livre, dadas certas circunstâncias. No entanto, a pergunta-chave é: quão *provável* é que a traição aconteça de verdade? Os obsessivos/vigilantes trocam *probabilidade* por *possibilidade* na pergunta. Seguindo esse padrão, o que pretendem é zerar suas dúvidas, e a única maneira de conseguir isso é mantendo todo o entorno do casal sob controle.

Se você entrou nesse jogo, não será fácil sair. Antes, a pessoa que desconfiava de seu parceiro contratava um detetive; hoje, usa um smartphone e a perseguição implacável é feita pelo WhatsApp, FaceTime ou qualquer método que permita observar e fiscalizar ao vivo aquele que diz amar. Alguns dados preocupantes mostram que as adolescentes submetidas a essa inspeção amorosa digital aceitam isso como parte natural de uma relação na qual o amor do outro é tão grande que não o pode controlar.

Eu lhe pergunto, embora a resposta deva ser óbvia: tem lógica aceitar a clausura, mesmo que em nome do amor? Um paciente, muito transtornado, disse a sua mulher: "Essas suas amigas com quem você se encontra a cada quinze dias são todas separadas!". Ela respondeu, defendendo-se: "E qual é o problema? Por acaso a separação é contagiosa? Você também tem amigos separados, e quando sai com eles eu não digo nada". Ele replicou: "É diferente, nos homens isso é natural". Foram várias consultas com ele para que pelo menos flexibilizasse suas crenças sobre os direitos de homens e mulheres. No entanto, ele nunca ficou tranquilo com as saídas de sua mulher, porque achava que alguma amiga *encheria a cabeça* dela de *maus* pensamentos. Pense bem: se você não é livre para escolher seus amigos, está com um carcereiro. Mas que fique claro: você tem as chaves para sair da cela e não as usa.

A pessoa pode se acostumar a qualquer coisa quando a resignação deita raízes. Com o tempo, a *inspeção amorosa* se transforma em algo natural, e a vítima acaba pedindo licença até para respirar. Mais ainda: algumas pessoas apaixonadas, como se fossem masoquistas, exigem a vigilância e a preocupação do outro como prova de amor. Uma jovem me dizia: "Eu duvido do amor dele. Ele nunca tem ciúme!". É a crença infundada, ou o mito, de que o amor passional tem que andar na corda bamba e doer para que seja verdadeiro. A premissa irracional? Se não tem medo de me perder, não me ama, e quanto mais temer, mais amado me sinto.

Ainda não foi dominado pelo cansaço por ter que dar explicações e prestar contas de cada coisa que faz, pensa ou sente? Não está de saco cheio de ter alguém no seu pé? Já é hora de pôr em prática sua melhor versão de autonomia: ninguém decidirá por você nem sobre sua vida. Isso se chama *autogoverno*, independentemente de quanto amor haja. Dispor de si mesmo é o requisito mínimo para sentir que tem a dignidade necessária para mandar tudo para o inferno se for preciso. E se não lhe derem permissão para se cansar? Esse é o paradoxo: um cansaço com a bênção daquele a quem você deixará? Um homem disse a uma mulher em meu consultório: "Como assim, você está 'farta'? Eu decido quando você se cansa! Entendeu, caralho?". Depois, aproximou-se até quase colar seu rosto no dela e arregalou os olhos vermelhos de ira. A pobre mulher ficou lívida. Eu intervim: "Por favor, senhor, volte a seu lugar". E perguntei: "Ela não é livre para tomar suas decisões?". Ele ficou pensando alguns segundos e respondeu: "Sim, mas com meu aval!". Nada a fazer. Só quando ela perdeu o medo dele, assim como no relato do leão a que me referi antes, e percebeu que alimentava o monstro com sua própria fraqueza, pôde sair pela porta da frente e não voltou mais. O homem tentou recuperá-la, sem sucesso. Minha paciente passou a se dedicar a ser escandalosamente livre.

Faça a seu parceiro *monopolizador* uma proposta de convivência digna, menos escravista, mais tranquila e confiável. Tente também fazer que peça ajuda profissional (lembre que o ciúme patológico é um transtorno). Se a pessoa o amar de verdade, não terá mais opção que aceitar. E se não amar, melhor saber de uma vez por todas para se afastar e fazer uso da liberdade que lhe roubou.

Sugestões e reflexões para se libertar de um companheiro que considera você uma posse amorosa

- Roland Barthes, filósofo e escritor francês, no livro *Fragmentos de um discurso amoroso*, diz em relação aos ciúmes:

Cansei de sua desconfiança e vigilância sobre mim

Como ciumento, sofro quatro vezes: porque sinto ciúme, porque me censuro por sentir, porque temo que meus ciúmes magoem o outro, porque me deixo subjugar por uma bobagem: sofro por ser excluído, por ser agressivo, por ser louco e por ser ordinário.

Mais desvantagens que vantagens, sem dúvida, perante os outros e a si mesmo. Que a pessoa o ame respeitando sua independência, ou que não o ame.

- Uma pessoa com a ideia obsessiva de manter o outro sob controle absoluto é uma bomba-relógio, pois a irracionalidade inerente à necessidade de posse muitas vezes é acompanhada de agressão e um sentimento de *honra ofendida*, que busca vingança mesmo que a ofensa não seja real. Qualquer coerção ou limitação física que seu parceiro lhe imponha deve ser denunciada às autoridades competentes. Embora haja relações que mais parecem um sequestro arranjado, amar não é sequestrar, mesmo que haja flores e poemas de amor. Quem nos ama de uma maneira saudável quer nos ver felizes. Quem nos ama sem pressão nem desconfiança busca o bem dos dois, e não só aplacar os pensamentos de infidelidade que o sufocam. Insisto: só se ama em liberdade. Grave isso.

- Quando alguém viola seus direitos, não é correto justificar isso em nome do amor. Roubar sua autonomia, talvez seu bem mais precioso, é uma forma de desumanização, de não respeitar sua essência, e, por tal razão, não é negociável. Sem autonomia, sem a capacidade de decidir – não importa como o queira pintar –, você está em uma prisão real ou virtual. Como se resignar a isso? Uma mulher de uns cinquenta anos, que começou a terapia por apresentar um transtorno de ansiedade, era submetida a uma revista quase policial quando chegava da rua. O marido a esperava e a submetia a um interrogatório para saber onde e com quem havia estado. Por exemplo, se ela voltava das compras, perguntava: "A que hora você chegou lá?", "Onde deixou o carro?", "Subiu a escada rolante sozinha ou alguém ficou ao seu lado?", "Em que lojas comprou?", "Mostre-me as notas", e assim por diante. Minuciosamente, ele esmiuçava cada coisa, olhando-a nos olhos para ler sabe-se lá o quê. Um dia, eu perguntei à mulher por que aceitava mansamente o que ele fazia. E ela me disse: "É preciso compreendê-lo, doutor. Ele sempre foi assim, tem medo de me perder. Ele me ama com loucura, não pode viver sem mim. Às vezes fica agressivo, mas é por amor. Ele cuida de mim". Eu respondi: "Mas quando ele faz essas cenas de ciúmes você não fica preocupada ou incomodada? Acaso se sente amada?". Seus olhos marejaram e ela disse: "Sim, acho que é uma bênção ter um homem que me ama a tal ponto". Tornei a lhe perguntar: "Mas não poderia ser medo mais que amor?". Então, ela ficou séria: "O que está querendo dizer? Que ele não me ama?". E foi quando percebi que havia ali dois dependentes. A dependência emocional leva a justificar qualquer coisa. Não há limites.

- Medite sobre esta citação de Osho:

Os ciúmes englobam uma das áreas mais prevalentes de ignorância psicológica em relação a si mesmo, aos outros, e, mais particularmente, às relações.

As pessoas acham que sabem o que é amor. Não sabem. E a incompreensão sobre o amor cria o ciúme. *Amor* significa para as pessoas certa forma de monopólio, certa *possessividade*; mas não entendem um simples fato da vida: no momento em que você possui um ser vivente, mata-o. Não se pode possuir a vida. Não podemos mantê-la no punho. Se quiser tê-la, tem que manter as mãos abertas.

Entendeu? Amar com as mãos abertas. Deixar que o outro seja. Se quiser saber quão fiel é seu parceiro, não atrapalhe sua liberdade. Não quer ver as coisas como são? Ou prefere tampar o sol com a peneira? Ninguém pode achar que a pessoa amada é fiel se ela se sente amarrada ao pé da cama. O Novo Testamento nos ensina: "A verdade vos fará livres", mas eu acho que a liberdade também nos leva à verdade, ou seja, ao ato de ver sem distorções aquilo que nos cerca. Você tem que ser amado por seu parceiro, não monopolizado, como diz Osho. A fidelidade se vê no pleno uso da liberdade, e essa é a angústia do ciumento: correr o risco.

- Nesta reflexão, você verá a sabedoria de Epiteto e Diógenes, filósofos da Antiguidade, a serviço da libertação. Foi extraída de meu livro *El Camino de los Sabios*. Quem optaria pela reclusão tendo a opção de ser livre?

Cansei de sua desconfiança e vigilância sobre mim

"Quanto vale sua liberdade?", perguntava Epiteto, que era escravo. É evidente que ninguém é completamente livre, e, por isso, o lema que parece ter funcionado durante séculos é o da reciprocidade: ajuste sua liberdade para não afetar a minha que eu faço o mesmo. Um duplo autocontrole sincronizado. O problema surge quando a vida é aprisionada e limitada no fundamental e acordos são impossíveis.

A liberdade dos peixes

Epiteto comentava acerca das tentativas de Diógenes para que o rei dos persas não invadisse a cidade de Atenas:
Diógenes: Você não pode escravizar a cidade de Atenas; não mais que aos peixes.
Rei: Pretende que eu não os capture?
Diógenes: Se os capturar, eles o abandonarão e partirão, como os peixes. Se capturar um peixe, ele morre. Pense, então: se os atenienses morrerem ao ser capturados, que benefícios tirará de sua expedição?
E então, Epiteto acrescentou: "Essa é a voz de um homem livre…".
Os pássaros não fazem greve de fome; seria absurdo atribuir-lhes intenções ideológicas; no entanto, já vi alguns que param de comer se não os soltam. Um pássaro *Epiteto*:

"Você terá minhas penas, meu bico, minhas garras, mas não a mim, nem meu voo, nem minha alegria nem meu canto". Algumas aves, que parecem desesperançadas e resignadas, assim que alguém lhes abre a gaiola lançam-se ao vazio, velozes e cheias de vitalidade. Não hesitam um só instante, saltam e se afastam. A genética tem princípios não negociáveis: a liberdade é um deles.

- Esclarecimento importante: nem todo ciúme é doentio ou infundado. Quando há razões objetivas, a desconfiança adquire um sentido protetor, porque pretende descobrir a verdade. Se seu parceiro é extremamente sedutor ou se excede no contato com outras pessoas, é justo que você fique angustiado; e, nesse caso, precisam conversar sobre o assunto. Mas insisto: a conduta *desconfiada* deve ser objetiva, e não fruto de sua imaginação. O ciúme patológico, por sua vez, ocorre quando o que se imagina suplanta a realidade.
- Vou presenteá-lo com esta frase de Confúcio. A mim me fez pensar muito:

É mais vergonhoso desconfiar de nossos amigos que ser enganado por eles.

Às vezes, deveríamos dizer: "Desculpe, meu amor, por não confiar em você. Tenho vergonha de pensar assim". Não acha que isso é um ato de humildade amorosa, de reconhecimento do outro como um sujeito válido que não merece sua desconfiança?

Uma carta de despedida

Deixo aqui um protótipo de carta de despedida para dar um adeus definitivo a quem o vigia, controla e não confia em você. Esta carta é um precedente para que nunca negocie sua liberdade, aconteça o que acontecer. Essa ruptura é um ato de protesto que o dignifica. E por trás dela está o cansaço construtivo que o move, o saco cheio por ter tido que provar sua inocência a cada instante. Escreva sua carta no estilo e na forma que quiser.

> Querido(a):
> Não sei se você me amava, nem me interessa. O que sei é que nada justifica o tempo que passei sob sua vigilância e controle obsessivo. Fui me acostumando a prestar contas, a pedir permissão, a lhe dar todo tipo de explicações para provar minha inocência, ou seja, minha fidelidade. Mas, na realidade, no fundo de mim havia uma sensação de

agravo, de ofensa. Pois decidi não mais alimentar meu carcereiro. Um dia qualquer me cansei de sua perseguição, meu saco encheu e tirou do lugar o amor que eu sentia por você. Foi extenuante estar ao seu lado, foi avassalador ter que dar conta de cada ato de minha vida. Uma vez, contei vinte ligações suas em meia hora quando fui fazer compras. Você não pode me prender e entrar em minha cabeça, nem limitar minha existência para lidar com sua ansiedade. Quantas vezes lhe pedi, supliquei que procurasse ajuda profissional, e você nunca quis! Você me cansou. Algo que achávamos impossível aconteceu. Eu me sentia consumir, a cada dia eu me desumanizava mais sem a liberdade básica que qualquer pessoa tem. Não quero arcar com suas inseguranças nem seus medos. Não mais. Como aconteceu esse despertar? Eu não saberia dizer. Foi instantâneo. De repente, meu corpo e meu ser disseram chega. E hoje, a bênção de andar como quero e por onde quero, sem dar explicações nem razões, me faz feliz. Agora eu mando em mim, eu decido. Já tirei você de minha vida e de meu coração, já me soltei. Não quero vê-lo nunca mais. Tomara que você não faça a outra pessoa o que fez comigo.

Cansei de sua desconfiança e vigilância sobre mim

* Nota importante. Sua ruptura confirmará a crença da pessoa de que você tinha alguém. Por isso, não entregue a carta pessoalmente. Se o fizer, a pessoa ficará furiosa e talvez o ataque de alguma forma. E como você sabe que é impossível que ela caia em si, não se justifique, não explique nada. Diante de qualquer pergunta, você tem o melhor argumento: "Me cansei de você".

Cansei de seu narcisismo e de que se ache o centro do universo

Um paciente narcisista comentou comigo, com estranheza: "Não entendo, doutor, como minha esposa não agradece por eu a ter escolhido". A esposa dele era uma mulher bonita e amorosa, mas o homem só a via como uma extensão de si mesmo, como um apêndice. Uma relação na qual um dos membros ocupa o centro da relação e o outro funciona na periferia é claramente disfuncional: nunca se encontram. As pessoas ególatras (que reverenciam a si mesmas), egoístas (que querem monopolizar o máximo possível, sem se importar com os outros) e egocêntricas (que não têm capacidade de ver além de seu próprio umbigo) excluem o próximo ou o rebaixam, e têm convicção de que são *especiais* e melhores que os simples mortais. Acham normal se sentirem superiores à pessoa que supostamente amam simplesmente *porque a vida é assim*, ou seja: elas são extraordinárias, porque assim determinou a natureza ou o universo. Uma paciente com mania de grandeza me disse sem nem ficar vermelha: "Sou mais que os outros, o que se há de fazer? Você

Cansei de seu narcisismo...

também tem que aceitar isso". O marido a havia levado praticamente à força, coisa que faz muito sentido. Dentro da psicologia circula o seguinte ditado: "Os pacientes costumam ir sozinhos ao psicólogo, mas os narcisistas têm que ser levados".

Envolveu-se com alguém cuja autoestima chega aos céus? Alguém que tem mania de grandeza? Pois se assim for, você tem um problema complicado. Essa pessoa jamais descerá de seu pedestal. Pessimismo meu? Não. É mais realismo mesmo. Cedo ou tarde, o ego do narcisista esmagará você. Quantas vezes, sem se dar conta, você se encontrou reverenciando-o, em vez de expressando amor? Os homens narcisistas (há bem mais que mulheres) costumam andar à frente de sua parceira ou parceiro, porém não a soltam totalmente porque querem exibi-la; mas, claro, sem que os ofusquem.

Se você está com uma pessoa com essas características, vai descobrir que ela prefere ter fãs a ter amigos. Os narcisistas são muito ruins em dar afeto; não como o indivíduo indiferente, para quem você não existe, e sim como alguém cuja existência se justifica enquanto você for capaz de adorá-lo. Enquanto o sujeito indiferente não precisa tanto da aprovação das pessoas, osególatras matariam por alguns aplausos e elogios bem colocados. As pessoas narcisistas são ótimas para receber reforço e elogios de todo tipo (se quiser mantê-las ao seu lado, preste-lhes honras, fale como são maravilhosas).

Como eu disse antes, o bom amor, o saudável, o que vale a pena, é recíproco. Se você acaricia, espera carícias; se dá ternura, espera ternura; se dá sexo, espera sexo; se é fiel, espera fidelidade. Como poderia ser diferente? Acontece que essa troca balanceada se quebra quando surgem os delírios de grandeza, porque o narcisista só recebe, e quando dá, é porque espera que alimentem seu ego insaciável.

Você realmente acredita que por trás de um grande homem há sempre uma grande mulher? Essa frase é incompleta. A frase original foi cunhada por Groucho Marx e dizia: "Atrás de um grande homem há sempre uma grande mulher; e atrás dela, a esposa". De qualquer maneira, ambas me parecem machistas. E acho que pode ser o contrário. Toda vez que encontro uma *grande mulher*, alguém que se destaca, muito bem-sucedida ou uma líder importante, sua cara-metade anda atrás, meio desorientada e com ataques de insegurança.

Não acha que de tanto viver com essa pessoa, você se acostumou a lhe inflar o ego cada vez que ela assim exige? Que, em certo sentido, alimenta o monstro que o devora? Você sabe que assim mantém a pessoa ao seu lado. Se você sofre de apego, é de se esperar que utilize as melhores estratégias de manutenção da relação. Mas o que lhe falta é analisar e entender o custo disso. Você poderá desenvolver seu potencial humano só até quanto o ego dessa pessoa permitir. É como viver com um ditador.

Outra questão que você deve considerar: se há algo que os narcisistas não perdoam é que seu parceiro tente superá-los em algum aspecto importante para eles. Uma mulher me mandou a seguinte mensagem: "Ele gosta de ser o centro. É um pintor reconhecido, e está acostumado a ser parabenizado e aplaudido por suas obras em todo lugar. As pessoas o chamam de *mestre*. Um dia, visto que meus filhos já eram grandes, decidi entrar na Escola de Belas-Artes e comecei a pintar. Pensei que isso nos uniria mais. Tudo ia bem, até que nossos amigos e alguns professores começaram a elogiar meus quadros. Percebi que quanto mais eu avançava na pintura, mais ele se afastava de mim... Bem, comecei a pintar mal de propósito, para que ele não se incomodasse... Sei que parece loucura, mas ele se acalmou e estamos bem". O que essa mulher entende por *estar bem*? Se ela tem que se anular para não incomodar o ego de seu parceiro e manter o *status* dele, sua relação é um desastre! O jogo de sobe e desce é muito comum nesses casos. O narcisista aceita que seu parceiro cresça, desde que não ameace seu grupo de admiradores, porque, se o parceiro se exceder, ele competirá desesperadamente para monopolizar a atenção e as adulações das pessoas próximas. O que essa mulher deveria fazer? Duas coisas: primeiro, compreender e tomar consciência de que se alguém promove sua anulação como pessoa para obter benefícios, não a ama; e segundo, não abdicar de sua autorrealização, custe o que custar. Pintar e pintar. Poderia também, enquanto seguisse sua vocação, tentar salvar a relação; mas se isso não fosse possível e o narcisismo tentasse se impor, a vocação deveria ganhar.

Funcionou a lavagem cerebral que lhe disse que definitivamente você é *inferior* ao outro? Observe se seu comportamento chega à veneração. Podem ser pequenos indicadores de prosternação, idolatria ou respeito exagerado. Microssubjugações que você acha naturais devido ao costume. Está nessa situação? Seu parceiro tem mais privilégios que você? Se assim for, por que aceita essa distinção? Eu garanto que a pessoa amada não voa, não é de outra galáxia nem possui superpoderes. Mas, entre todos os seus pontos fracos, que com certeza tem, o que ela mais teme, sua kriptonita, é a necessidade de aprovação. Quer que ela deixe de amar você? Pare de admirá-la, trate-a de igual para igual (como deveria ser), sem lisonjas, sem apologias a seu ego; e, então, é provável que ela se aborreça e fique indignada por você não ser capaz de ver sua magnificência. Aterre seus sentimentos, não idealize ninguém, e menos ainda seu companheiro; não alimente seu esquema de *grandiosidade*, que faz que, em vez de fazer amor, você faça reverências.

Quem dera eu pudesse lhe dizer que é possível desenvolver seu potencial à sombra de um amor egoísta, mas não há como. É impossível entrar em um coração ocupado por um ego monopolizador: "Eu me amo tanto que não há lugar para mais ninguém". Categórico, excludente e a essência do antiamor.

Algumas sugestões e reflexões para que você não deixe o ego de seu parceiro o esmagar

- Uma paciente me disse: "Quando o conheci, achei-o incrível. Bom moço, alto como eu, vivido, todos pareciam gostar dele, bem-sucedido, sedutor; enfim, não pude resistir. Agora, desde que comecei a fazer terapia, está acontecendo uma coisa curiosa; à medida que avançamos na terapia, é como se o verdadeiro ser dele aflorasse, e posso vê-lo como realmente é. Talvez antes eu olhasse para o outro lado. É como se ele tivesse muitas máscaras, e, uma a uma, fossem caindo. Estou passando do amor à pena. Não posso odiá-lo, nem me interessa isso. Estou percebendo que ele está doente e não sabe, e nem admitirá jamais. De qualquer maneira, se eu continuar com ele, vai acabar me destruindo". Congruente com o que disse, depois de alguns meses ela o deixou. O homem, poucos dias depois, já estava com outra.

- Leia este pequeno relato de Oscar Wilde e você verá que um narcisista, seja quem for, não é capaz de admirar de verdade nem de amar. O título é *O reflexo*:

Quando Narciso morreu, as flores dos campos ficaram desoladas e solicitaram ao rio gotas de água para chorá-lo.
— Oh — respondeu o rio —, mesmo que todas as minhas gotas de água se transformassem em lágrimas, não haveria o suficiente para eu mesmo chorar por Narciso: eu o amava.
— Oh — prosseguiram as flores dos campos —, como não amaria Narciso? Ele era lindo.
— Era lindo? — perguntou o rio.
— E quem melhor que você para saber? — disseram as flores. — Todos os dias, ele se inclinava sobre sua margem, contemplava em suas águas a própria beleza e...
— Se eu o amava – respondeu o rio — é porque, quando se inclinava sobre mim, eu via em seus olhos o reflexo de minhas águas.

- Consegue imaginar uma relação entre dois narcisistas? Em poucos minutos se enfrentariam, competiriam, e cada um tentaria acabar com o outro. Diriam em uníssono: "Como é possível que você não me admire nem veja como sou superior?", como dois pavões abrindo a cauda para intimidar o oponente. Por isso, o companheiro ideal para uma pessoa que sofre de grandiosidade é aquele que reúne as características de dependente/submisso, porque aceitará fazer o papel de vassalo. Estará às suas ordens, dirá a ela o que quer escutar e a elogiará sempre que ela precisar.

- O ponto fraco da pessoa com delírios de grandeza é a crítica. Se o cansaço o dominou e você quer se afastar pouco a pouco, porque sente que não é capaz de romper de uma vez, pode começar fazendo algumas *críticas construtivas* à pessoa sobre seu modo de agir. Não tenha medo; a não ser que ela seja psicopata. Nessas críticas – insisto, *construtivas* –, pode falar do fato de você não se sentir amado devido à egolatria dela. A pessoa tomará consciência? Não creio. O problema é estrutural. Então, para quê? Faça por você. Para que pare de ver o outro tão acima e o faça descer das nuvens, para equilibrar a relação, para desfazer esse papel de fã que você assumiu, para que se convença de que ele é de carne e osso. E, acima

de tudo, para perder o medo de ser como você é na presença dele.
- Você realmente quer uma relação de dupla moral? Diante do mundo, passam a imagem de casal unido e equilibrado (inclusive, quando estão juntos diante das pessoas, o narcisista costuma apresentar gestos carinhosos, previamente ensaiados), e na intimidade do lar o ego sempre transborda como uma enxurrada. Por quê? Porque, para essa pessoa, é muito importante que o mundo acredite que ela é uma boa companheira e quer manter sua imagem imaculada. Quantas condições! Que chatice ter que dançar conforme a música dela!
- A ideia é que, estando com uma pessoa assim, você tome plena consciência e compreenda com toda a clareza que a relação é doentia e precisa escapar, sair ou pedir ajuda, mas não continuar deixando a cabeça na guilhotina para que o outro tente acabar com o que lhe resta de autoestima. Os três pensamentos irracionais que caracterizam uma pessoaególatra na relação são: "Minhas necessidades são mais importantes que as suas", "Que sorte a sua de me ter como parceiro" e "Se me critica, é porque não me ama". Intragável,

inadmissível, inaceitável. Como essa maneira de pensar não acaba com sua dependência? Tão grande assim é o medo? Pois, enfrente-o! Se o custo da dignidade é elaborar um luto, vale a pena. Não faz sentido estar com alguém que acha que você está lhe fazendo um favor. (Retroceda, por favor, à primeira parte e releia "Oito razões pelas quais aguentamos uma relação que é motivo de sofrimento").

- Leia para seu parceiro este relato *antinarcisista* que tomei de Ramiro Calle, de seu livro *Cuentos Espirituales de la China*:

Era um homem excepcionalmente vaidoso e que, mesmo nas coisas mais simples, queria chamar a atenção. Encontrou um jovem e lhe disse:

— Tenho um tambor tão enorme que seu som pode ser ouvido a mais de mil quilômetros.

O estudante respondeu, sorridente:

— Pois, amigo, eu tenho uma vaca de tamanho tão descomunal que quando anda e apoia as patas dianteiras, leva um dia inteiro para apoiar as traseiras.

O homem protestou:

— Não pode haver vacas tão grandes!

E o estudante disse:

— Ah, não? Então, diga-me, de onde acha que tiram o couro para fazer seu tambor?

Quando terminar, olhe-o nos olhos, sustente o olhar e pergunte-lhe o que acha da vaidade. Independentemente do que responda, fique com a mensagem do conto.

Uma carta de despedida

Deixo aqui um protótipo de carta de despedida para dar um adeus definitivo a quem amargou sua vida tentando diminuí-lo e exigindo-lhe veneração em vez de amor. Esta carta representa uma ruptura com a aceitação da ideia de grandiosidade da pessoa que amou ou ainda ama. O simples fato de escrevê-la mostrará que ela não conseguiu subjugá-lo. Tome-a como sua, que seja um precedente para que nunca mais fique com alguém que se julgue mais que você.

Querido(a):
Depois de tantos anos engrandecendo seu ego, de me submeter a um triste papel secundário, de apoiá-lo quando alguém o rejeitava, confirmando que você não era tão genial quanto acreditava,

Cansei de seu narcisismo...

de elogiá-lo por qualquer coisa que dissesse ou fizesse para ressarcir seu ego ferido, depois de tanta solidão e de girar ao seu redor como se você fosse o astro-rei e eu um simples satélite, depois de tudo isso, um dia qualquer me levantei e não me reconheci no espelho. Nesse exato momento, o que eu sentia por você desapareceu. Nem sequer elaborei um luto, foi imediato, holístico, arrebatador. Quando você percebeu minha frieza e distanciamento, ficou indignado. Sua raiva se manifestava em silêncio, como se dissesse: "Como ele(a) se atreve a pensar mais em si mesmo(a) que em mim?!". Ainda lembro daquela sua cara de espanto quando eu lhe disse na lata que você não era mais que eu; que, no mínimo, estávamos no mesmo nível. Você até quis me explicar que havia uma confusão ali, que eu estava distorcendo a realidade, que cada um devia se aceitar como era, que você sempre me protegeria. Proteger-me? Se foi isso que eu fiz por você durante dez anos! Cansei de seu estúpido sorriso compreensivo quando as pessoas não viam suas virtudes pessoais em lugar nenhum, cansei de seus delírios de grandeza, de nosso sexo se reduzir a sua masturbação, cansei de ser seu bichinho de estimação. Estou de saco cheio de amá-lo. Que difícil estar ao seu lado sem me sentir menos! Enfim, procure outra pessoa que acredite em você; eu já acordei. Nunca mais quero vê-lo em minha vida. Para mim, a partir de agora, você não existe.

* Nota importante. Não entregue a carta pessoalmente. A pessoa tentará o humilhar, o menosprezar ou o subjugar de novo para que lhe preste honras. Melhor mandar entregar, assinando: "De saco cheio, eu". Tire a pessoa de sua vida como se fosse um vírus. Que nunca mais tenha que ouvir: "Você existe por mim e para mim". *Out.*

Epílogo

Ao longo de minha vida, realizei algumas mudanças de fundo, vitais, difíceis, motivadas por um cansaço que saía das profundezas de meu ser. Não era um ato da razão, e sim uma manifestação de rejeição do corpo, da biologia mais básica: não dava mais. E, nesses momentos, uma curiosa forma de coragem se apoderava de mim, uma valentia cognitiva: eu aceitava o pior que poderia acontecer. O saco cheio podia mais que uma análise conscienciosa das consequências.

    E não foi ruim. Não era um capricho, e sim uma maneira de ver as coisas como realmente eram. Também não se tratava de jogar a toalha de maneira irresponsável. O tempo me mostrou que esse impulso que se originava daquele cansaço vital era certo, tinha sua própria sabedoria. Mas o que também entendi foi que, em determinadas situações, eu poderia ter me deixado levar por minha intuição/instinto e sofrido menos. Não me refiro necessariamente ao tema afetivo, mas também a outras ordens da vida que procrastinei estupidamente, coisa que eu via se aproximar e tentava evitar por puro medo. Fiz engenharia por pouco mais de quatro anos sabendo que não gostava. Quando soube disso? Poucos meses depois de começar. No segundo ano, comecei a me cansar de física, de computação e de meus professores. No terceiro ano, já estava esgotado e tudo era um grande esforço. No quarto ano, eu era praticamente um zumbi, como se houvessem roubado minha alma, repetia mecanicamente as coisas, sem critério, sem a mínima motivação, como um castigo. E, por fim, contra tudo e contra todos, mandei tudo para o inferno. Ainda lembro minha felicidade quando saí da faculdade sabendo que não voltaria nunca mais. Eu era um pássaro pronto para voar e explorar o mundo. Especialmente para recuperar minha capacidade de assombro, que estava reduzida a sua mínima expressão. Eu poderia ter feito isso no fim do primeiro ano, mas não tive coragem, e a pressão familiar me levou a persistir em um absurdo. No segundo ano, agarrei-me à esperança, e não queria decepcionar minha família. No terceiro, disse a mim mesmo que talvez devesse dar um pouco mais de tempo para que minha vocação aparecesse. No quarto, pensava na sensação de fracasso que teria se abandonasse; enfim, um mar de calamidades. Mas, a cada momento, o saco cheio, esse cansaço essencial, estava me indicando o caminho da saída.

Epílogo

O pior inimigo das mudanças é o medo. Medo do que for. Já vimos alguns motivos de aguentarmos um amor irracional, absurdo ou perigoso. Temos que aprender a não continuar com uma luta inútil quando não faz mais sentido insistir e estamos nos destruindo. A maioria das pessoas que chega a meu consultório por problemas relacionados ao amor vem depois de ter sofrido demais, e depois de algumas consultas, costuma me dizer: "Eu deveria ter vindo antes. Eu tinha a esperança de que tudo se resolvesse". E como se resolveria sozinho?

A postergação alimentada por uma espécie de pensamento mágico e uma esperança irracional nos imobiliza, porque colocamos a solução fora de nós. O segredo é agir assim que a luz amarela se acende, ou assim que começar a dizer a si mesmo: "Estou ficando cansado". Insisto: se ficar quieto esperando que o poder curativo do amor cuide de tudo, ficará cada vez pior. Assuma suas emoções; o sentimento amoroso precisa de ajuda, porque não pode tudo.

Temos que aprender a perder (ou a ganhar, se o que tirou das costas foi uma relação insuportável). Saber renunciar, no sentido de reconhecer que não há mais nada a fazer, é sabedoria. Além do mais, os problemas precisam ser vistos em perspectiva. Hoje, você é demitido e fica morrendo de angústia, e tudo parece um desastre; a vida parece ter perdido o sentido: "Por que isso aconteceu comigo?". Uns meses depois, arranja um emprego melhor e diz: "Ainda bem que fui demitido daquela droga de emprego". O mesmo pode acontecer com as relações afetivas: hoje, você sofre por uma separação, e quando encontra alguém melhor, pula de alegria e diz: "Bendita separação!".

Certas pessoas, quando saem de um mau amor, ficam ancoradas no que *poderia ter sido*. Não é absurdo? Se não foi, para que perder tempo com isso? A contradição é palpável: você lamenta ter terminado uma relação péssima como se tivesse perdido um tesouro. E repete: "Poderia ter sido assim se…".

Essa espécie de masoquismo, de saudade do que não aconteceu, acaba quando você deixa que o *cansaço construtivo* assuma o comando. Ele se encarregará de manter ativas na memória as razões que levaram à separação, para que você não as esqueça e não passe por sofrimentos irracionais. Aceitar o que aconteceu sem paliativos, tendo em mente como a relação foi na realidade, e não como eu gostaria que houvesse sido.

O que se necessita é essa tomada de consciência sobre o que já não faz sentido defender e pelo que já não faz sentido lutar. O cansaço é informação que não sabemos ler, porque o associamos a pouca perseverança, covardia

Epílogo

ou fuga temerosa. Quando se cansa de algo, o organismo está dizendo: "Pare a máquina porque a está danificando". Você me dirá que um atleta de alto rendimento, por exemplo, em uma maratona, não se deixa vencer pelo cansaço. Tem razão, mas a relação a dois não faz parte de nenhuma olimpíada nem competição. O bom amor não requer medalhas de ouro, prata ou bronze; não tem nada a provar nem ninguém para competir.

Espero que a leitura deste livro tenha lhe servido para avançar em seu crescimento pessoal/afetivo. Também confio que *Me cansei de você* lhe ensinou que aguentar uma relação insuportável não é um mérito, e sim uma forma de autopunição. Se deixar que seu amor-próprio tome as rédeas, permitirá que o cansaço positivo ou construtivo o guie rumo a um amor pleno e saudável. Você é dono de sua dor ou de sua alegria; depende de você.

Bibliografia

Barthes, R. (1998). *Fragmentos de un Discurso Amoroso*. México: Siglo XXI Editores.

Baumle, A. K., e Compton, D. R. (2017). "Love wins?". *Contexts*, 16, 30-35.

Bolmont, A., Cacioppo, J. T., e Cacioppo, S. (2014). "Love is in the gaze: an eye-tracking story of love and sexual desire". *Psychological Science*. Set. 2014; 25(9): 1748-1756.

Bruckner, P. (2011). *La Paradoja del Amor*. Barcelona: Tusquets.

Comte-Sponville, A. (2001). *El Amor, la Soledad*. Barcelona: Paidós contextos.

Frankfurt, H. G. (2016). *Las Razones del Amor*. Bogotá: Paidós Contextos.

Gawda, B. (2012). "Associations between anxiety and love scripts". *Psychological Reports*, 111, 293-303.

Graham, J. M. (2010). "Measuring love in romantic relationships: A meta-analysis". *Journal of Social and Personal Relationships*, 28, 6, 748-771.

Grossi, R. (2014). "Romantic Love: Our 'cultural core', 'general ideology' and 'undeclared religion'?". *Contemporary Sociology*, 43, 637-639.

Han, B. (2017). *La Expulsión de lo Distinto*. Barcelona: Herder.

Illouz, E. (2009). *El Consumo de la Utopía Romántica*. Buenos Aires: Katz.

Lipovetsky, G. (1999). *La Tercera Mujer*. Barcelona: Anagrama.

_____ (2007). *La Felicidad Paradójica*. Barcelona: Anagrama.

_____ (2016). *De la Ligereza*. Barcelona: Anagrama.

Manoharan, C., e de Munck, V. (2015). "The Conceptual relationship between love, romantic love, and sex". *Journal of Mixed Methods Research*, 11, 248-265.

Nanetti, F. (2015). *La Dipendenza Affettiva*. Bolonha: Pendragon.

Precht, R. D. (2011). *Amor. Un Sentimiento Desordenado*. Madri: Siruela.

Raynaud, M., Karila, L., Blecha, L., e Benyamina A. (2010). "Is love an addictive disorder?". *The American Journal of Drug and Alcohol Abuse*, 36, 261-267.

Rohman, E., Führer, A., e Bierhoff, H. (2016). "Relationship satisfaction across european cultures". *Cross-Cultural Research*, 50, 2, 178-211.

Sanchez, I. H. (2016). *Sobre el Amor y el Miedo*. Madri: Averigani.

Sbarra, D. A., e Ferrer, E. (2006). "The structure and process of emotional experience following nonmarital relationship dissolution: Dynamic factor analyses of love, anger and sadness". *Emotion*, 6, 224-230.

Villegas, M., e Mallor, P. (2017). *Parejas a la Carta*. Barcelona: Herder.